北の喜怒哀楽
45年間を北朝鮮で暮らして

木下　公勝

まえがき

私は一九六〇年代初め、一家六人で北に渡った。その後、そこで四十年以上暮してきた。二〇〇〇年代後半になって日本に戻ってきてから、よく北朝鮮の生活はどうだったかと質問を受ける。

私は一言で答えることができず、戸惑うことが多かった。

自由で豊かな日本に住んできた彼らに、私が経験した苦しみを説明してもわかってもらえないからだ。北の人権弾圧や飢餓状況について、知識としては知っていても、体験した者でなければわからないこともある。

そこで私は、自らが経験した北朝鮮での生活の実態を、ありのままに伝えるべく筆をとった。著名な作家やジャーナリスト、あるいは別の脱北者が書いた北朝鮮の独裁政治体制についての本は何冊も読んできた。

ここでは自らの体験を、私が暮らした地域や歩いて見た土地の事情を踏まえて記したいと思う。ただ、私が住んでいた町については、K市と伏せさせていただきたい。登場人物の名前や設定も、少しだが変えた。今も北に残る私の家族や友人・知人のためとご理解いただきたい。

日本国内に住む脱北者は現在、二〇〇人に迫るといわれている。彼らが北の地でどのような暮らしを送っていたのか。すべて書こうとしてもテーマは尽きない。

私が乗ったのは、「帰国船」ではなく鉄格子のない大きな奴隷船だった。そして着いた先には監獄が待っていた。

人は私たちを「脱北者」と呼ぶが、「脱獄者」ともいえる。北朝鮮住民は、言論と行動を完全に統制されている。言葉の表現を一つでも間違うと、即逮捕・連行される。社会生活にしろ家庭生活にしろ、常に監視されている。逃亡者の密告も奨励されている。

身を寄せ合って生きている帰国者でさえ、あいつがスパイではないか、こいつは怪しいと疑って生きていかなければならない。家族すら信頼できない。

「帰国事業」の執行者は、実態を黙認し、責任を逃れるどころか「祖国に尽くした者」として評価されている。半面、被害者となった者は筆舌に耐えない艱難辛苦を経験した。今は彼らを解放することが、私に残された使命だと考えている。

平成二十八（二〇一六）年八月二十日

木下　公勝

目次

――北の喜怒哀楽　45年間を北朝鮮で暮らして

第四章　私の結婚と北朝鮮社会の実態

第五章　私の見たソ連邦（一九八二年）

第六章　政治犯収容所の解体工事（一九九一年）

第七章　金日成の死と社会の崩壊

第一章　北朝鮮への「帰国」

帰国事業　切手の裏に秘めた約束

まずは私が北朝鮮に渡るきっかけとなった「帰国事業」から説明したい。この事業は日本赤十字社と朝鮮赤十字会の間で結ばれた協定に基づいて行われた。表向きは、帰国を望む在日朝鮮人を北朝鮮に帰すという人道目的の事業だったが、背後には朝鮮戦争で国土が荒廃し、労働力も不足していた北朝鮮と、社会的な不安定要因になっていた在日朝鮮人を〝厄介払い〟したかった日本政府の思惑もあった。

帰国者を募ったのは在日本朝鮮人総聯合会（総連）であるが、日本の知識人も北朝鮮を「地上の楽園」などともてはやし、帰国を助長した。

帰国第一便は一九五九年十二月に新潟港を出港した。私が北朝鮮に帰国したのは一九六〇年夏。父母と兄弟三人と私の計六人だった。私の家庭は、大多数の在日朝鮮人家庭がそうであったように、極度に貧しかった。私を含め、まだ学校に通う年齢の子どもは三人いたが、当時父は六十代半ば。特定の職には就けず、毎日職業安定所に通い、その日その日の仕事を見つけて日当を得ていた。当然仕事がなければ手ぶらで帰ってくる日もあった。一日に三度の飯が食べられるだけで幸せというありさまだった。

新聞やラジオでは、毎日のように帰国者が笑顔で特別編成の列車や船に乗り込む様子が伝えられていた。私の家に総連本部の幹部二人が訪ねてきたのは、そんなある日の夜八時ごろだった。

二人は父と母の前に座り、二時間ほど話をしていた。会話は朝鮮語であったため、詳しい内容まではわからなかったが、父は黙って聞き、母は反対しているようだった。私は朝鮮学校に通ったことがなかったため、朝鮮語は話せなかった。

私は黙っている父を見て、反対の意思を表してほしいと思っていた。終始無言で目を伏せている父の姿に苛立ちのようなものさえ感じた。

二人が帰った後、私は父の前に進み出た。

「今度二人が来ても本気で相手にしてはだめだよ。子どもと一緒に苦労しても日本で暮すんだよ。僕たちもあと四、五年したら社会に出る。人並に働けばこの家もきっと楽になる。わざわざ北朝鮮に行かなくても大丈夫だよ。わかった？　父さん！」

ほかの兄弟も母も、そうなることを祈っていた。総連との付き合いがなかった私たちの家に、いきなり帰国問題が持ち込まれたことが不愉快だった。ただし、そこまでは父にも母にもいえなかった。親は子を愛し、子は親を敬い無条件に服従すべしという儒教の教えが、私の中にあったからだろう。

最初の訪問から一週間ほど経ち、再び幹部二人が我が家にやってきた。二人は『新しい朝鮮』、『千里馬』という題の雑誌のようなものを携えていた。Ａ４版の写真集のようなものだった。

その写真集を家族全員が見た。『新しい朝鮮』には、農場で働く若い娘と小山のように盛り上げられたトウモロコシ、大きな農機でジャガイモを掘る写真、休憩のときに大勢の農民が豪華な昼食をとっている写真などが収められていた。『千里馬』の方には、製鉄所の様子や、平壌市内のアパート建設の様子が並んでいた。発電所や劇場、運動場の建設現場も写っていた。

総連幹部二人は、「どうです。すばらしい発展ぶりに驚いたでしょう」、「北朝鮮は今、金日成元帥様の偉大なる指導の下で南朝鮮なんかとは比較にならない発展を遂げていますよ」と話した。

中でも一番効いたのは「お宅のように親は高齢でも、金日成首領様が領導する北朝鮮では、子どもは学校に通えて幸せな生活ができます」という言葉だった。「朝鮮人」と差別されることはない、なぜ日本で苦労するのかとも言った。その言葉が特に印象に残っているのは、それまで朝鮮語で話していた彼らが、私たちにもわかるよう日本語で話したからだ。

数日して、二人が「帰国希望要請書」を持って家に来た。事態はそこまで進んでいたのだ。父は「医療費無料」と「学費無料」という言葉に魅力を感じたようだった。

その場で父と母の激しい口げんかが始まった。結局その日のうちに結論は出ず、幹部二人は帰っていった。二人は帰る際に父だけ外に呼び出し、なにやら耳打ちして帰っていった。

それから二、三日後、父は家族の前で「昨日総連の事務所にいって、要請書に判を押してきた。一カ月後に帰国するから、そのつもりで準備するように」と伝えた。子どもたちは黙ってうなずいていたが、母は反発した。

「行くならあんた一人で行きな。私は子どもたちと日本で暮らす。北の宣伝に踊らされているあんたは本当に愚か者だ」

帰国の話が持ち込まれて以来、我が家では父と母の口論が絶えなかった。その中でも一番激しい口調で母は抗議した。

母の家系は、代々韓国で書堂（寺子屋のような場所）の教師をしていた。村長に当たる職に就いたものもいたほど、一定の教養と見識を持つ家柄だった。そのため、父ほど総連の甘い宣伝を本気になって鵜呑みすることはなかった。

ところが父は違った。識見が低いわけではなかったが、純粋で率直な性格の持ち主だった。誰の話も正直に受け取ってしまうという、このケースでは致命的な弱点を持っていた。ずるがしこく立ち回って金を儲けるようなタイプでもなかったため、我が家は常に貧しかった。そこを狙われた。

最終的に母も「どこに行っても一日に三度のご飯くらいは食べられるだろう」と、帰国に同意した。子どもたちは父に従うしかなかった。今思うに、母は私たちがいなければ、帰国することはなかったに違いない。

一カ月後、私と両親、そして兄弟三人の六人は新潟の日本赤十字センターで出発を待っていた。一番上の兄も見送りにきてくれた。出航前夜、兄は私を呼び出した。

「北朝鮮に行って、総連の宣伝どおりの暮らしができたなら、それを手紙に書いてよこせ。そうすれば俺も帰国する。もし嘘だったら、切手の裏に本当のことを簡単に書いて送ってくれ。このことは秘密にして誰にも言うな」

これが兄と交わした最後の会話になった。

翌朝十時頃、船は埠頭を離れた。兄や義姉、親類は最後まで涙ぐみながら手を振り、言葉を投げかけてくれた。その声はブラスバンドやほかの見送りの人の声でかき消され、よく聞こえなかった。確かに聞こえたのは「金日成将軍万歳」、「朝鮮民主主義人民共和国万歳」の大合唱だった。

北朝鮮上陸

ソ連の客船クリリオン号は、新潟を出港して三日目の朝十一時頃、清津の港に着岸した。デッキからは港の全景が見渡せた。近くに見える山々に木はほとんどなく、赤茶けた岩肌が露出していた。陸に向かって左側に高い煙突が二、三本見えた。「あれは何の工場ですか」と、父が北朝鮮の役人に聞いた。すると役人は、「朝鮮最大規模の金策製鉄所です。黄海北道にもう一つ、あれと同じような工場がありますよ」と誇らしげに答えた。

父に「山に木がないね」と言った。父はさきほどの役人を捕まえ、木が少ない理由を聞いた。「戦争中、美帝（米国の帝国主義者）が無差別に爆撃を行ったり、海から艦砲射撃を加えたりしたからです。世界で一番悪いのは日帝と美帝です」という答えが返ってきた。

下船には二時間ほどかかった。埠頭の広場は、一万人近い歓迎団で埋めつくされていた。前から小学生、中学生と並び、後方には大人の男女がきちっと整列していた。子どもたちは私たちに近寄ってきて、手を握ったり、腰に抱きついてきた。そのたびに何ともいえぬ悪臭が鼻を刺激した。子どもたちはほとんど裸足か、親指が見えるほど擦り切れた靴を履いていた。手は日に焼け、垢でピカピカ光っていた。

全員船から降りてバスに乗り込もうとしたとき、後方から女性の悲鳴と男性の怒鳴り声が聞こえた。一人の女性が四、五人の男性に引きずられるように船から降りてきた。

後で知った話だが、女性は日本人で、船倉の隅に隠れてそのまま日本に帰ろうとしたようだった。着いた瞬間に「騙された」と思ったのだろう。私は女性の気持ちを理解できた。周りの人全員が同じ気持ちだっただろう。

帰国者は一週間ほど、市内の「帰国者招待所」というアパートのようなところに泊められ、「配置事業」が始まった。総連幹部やその家族は、優先的に平壌、元山、咸興、新義州といった都市部に配置された。

次に決まったのは、日本から資産や機械などを持ってきた金持ちだった。彼らは平壌をはじめとする南方の大都市に配置された。最後に配置先が決まったのが、私たちのような「貧民層」というべき大多数の人たちだった。配置先は両江道、咸鏡北道など、北部の山間部だった。

私たち一家六人は時速三十キロほどの蒸気機関車に乗せられ、約三時間かけて北朝鮮北東部の咸鏡北道にある、中国との国境に接した炭鉱の町K市に到着した。国境となる豆満江は案外大きな川で、対岸には中国大陸が広がっていた。

父は何も話さなかった。母は立っても座っても不平不満をこぼしていた。私はどちらの味方でもなかったが、私たちを巧みな虚偽の宣伝にのせて北朝鮮に連れてきた総連に深い憤りを覚えていた。新潟を出港してわずか数日で自然や社会環境が違う国に来たことを実感させられると同時に、荒涼とした町並みに言い知れない不安を覚えた。

私たち一家に分与された住宅は、七世帯がつながった長屋の一つだった。家に入ると、二畳に満たない玄関がある。正面には四畳ほどの居間にあたるオンドル（床暖房）部屋があり、玄関の右手は炊事場になっていた。煮炊きやオンドルの火入れをするためのかまどの焚き口は、玄関の高さから七十センチほど掘り下げたところにしつらえてあった。

この二畳ほどのスペースで炊事をし、四畳間で食事をするのである。奥にはもう一部屋、六畳ほどのオンドル部屋があった。ここが主に寝室となった。これが「高級文化住宅」のすべてだった。

かまどの燃料は石炭だった。炊事の方法や雑穀の炊き方などは近所のおばさんが教えてくれた。衣食住すべてにおいて初めて経験することだった。

町には商店があったが、そこで私はカルチャーショックを経験する。商品は陳列してあるのだが、自由に買えないのだ。現金のほかに交換券が必要だからだ。

「陳列用」の商品もあった。これはもとから売るために置かれているのではなく、見栄えよくするための飾りなのだ。

学校生活

現地に着いてから二カ月ほど、私は学校に通わず、家事を手伝ったり近所に住む帰国者の友人らと山で薪を拾ったりして日々を過ごした。豆満江で水浴びもした。私が住んでいた辺りでは、豆満江の幅は六十メートルほどで、深さは平均して大人の胸くらいだった。不思議と学校に通う意欲はまったくわかなかった。

そうこうするうちに、郡行政委員会の教育部長が帰国者の中から「登校対象」になる者の家を訪問してきた。九月一日から学校に通えとのことだった。

郡内には初（小）・中・高三つの学校があった。私は高等鉱業技術学校一年に、姉は二年に、妹は中学二年に、弟は初等学校五年にそれぞれ入った。姉は日本では社会人だったが、朝鮮語を学ぶために学校に通うことになった。学校はみな、男女共学だった。

学習科目は日本とほぼ同じだった。ただ一つ違っていたのは、幼稚園から大学まで「思想科目」が置かれていたことだった。

学校に通い始めて驚いたのは、思った以上に日本語を話せる教員がいることだった。彼らは日本の植民地時代に専門学校や大学に通っていた人たちだった。とはいえ、彼ら全員が、七〇年代に入って強制的に辞職させられてしまうのだが。

日本語が話せる教師がいたおかげで、授業内容の理解に問題はなかった。ただ一つ、思想科目を除いては。

思想科目の内容は「金日成同志の革命的家系」、「金日成同志の革命歴史研究」などであった。毎日放課後の午後四時から六時までは、鉱業学校内にある「金日成同志革命歴史研究室」に小学生から高校生までの帰国者約三十人が集められ、補講を受けた。帰国者に対して行う「思想改造事業」であった。

研究室は、正面に軍服姿の金日成将軍の胸像が置かれており、その左右両側に「栄光なる朝鮮労働党万歳」、「偉大なる領導者金日成同志万歳」と書かれたスローガンが掛けてあった。横の壁には金日成の家系図や幼少期の伝説、抗日パルチザンとしての偉業が写真つきで紹介されていた。

朝鮮動乱については、「一九五〇年六月二十五日の朝五時、韓国軍が突然砲撃してきた」と教えられた。韓米連合軍の侵略を防いだのは金日成で、彼が祖国を復興させた過程も説明を受けた。三十年後に韓国の短波ラジオ放送を聞くまで、それが史実だと思っていた。

帰国者の子どもたちが北朝鮮の学校で最初にさせられたのは、日本で学んだ内容をすべて忘れることだった。教師は日本の資本主義より朝鮮の社会主義制度の方が比較にならないほど優れているといった。はっきり言えば洗脳工作だった。私は誰にも言わなかったが、時代錯誤的な方法で私たちを説得しようとすればするほど嫌悪感を覚えるばかりだった。

金日成・金正日賛美の教育は、三カ月間毎日続いた。ほかの授業はおもしろかったが、放課後の思想改造教育時間が嫌でたまらなかった。私は十代だったが、物事の良し悪しの分別くらいはできた。「本当に優れた国ならば、日本やアメリカや韓国の悪口を言う必要はあるだろうか」と感じていた。弱者のねたみとうらやましさから出る嘆きのように聞こえた。

学校では文学の時間も金日成やその一家を美化・賞賛する内容の本が読まれていた。時々、教科書や亡くなった抗日パルチザンの回想記などが回収された。金日成の革命活動と少しでも矛盾のあるものは修正せねばならなかったためだ。

私は四十五年間、虚偽と捏造、国民に対する欺瞞と知りながら知らぬふりをしていた。日本で学んだことと北で教わったことのどちらが真実かを確かめようという気もなかった。むしろ、北の教えを本気で信じているように周囲に見せ付けるように生きてきた。振り返って見ると、私こそ最も自分を騙して生きてきた卑劣な人間かもしれない。

しかし、それが当時としては最も賢明な判断だった。自分を守るためには違う方法は取れなかった。仮に本音を堂々と主張していたら、私はとうの昔に処刑されていただろう。

抑えきれなかった怒り

私が登校しはじめて三カ月ほど経ったときのことだった。文学を担当していた金太虎という先生が、教員を辞め、山奥で農業をすることになったという噂が耳に入ってきた。

その数日前から若い女性の教員が文学を担当していた。後で聞いたことだが、金先生が帰国者の生徒と日本語で話していたことや、教科書に載っていない十八世紀や十九世紀の西欧文学のことを教えてくれたことが問題になったようだった。金先生は西欧の文豪の名作を解説し、内容を高く評価していた。そういったことが「事大主義」、「修正主義」、「ブルジョワ賛美」とみなされ、追放されたのだという。

金先生は日本の植民地統治下の京城帝国大学で文学を専攻していた。当時としては優秀な知識人でもあった。しかし朝鮮の小中高すべての学校では、教員は事前に決められた「教授案」

を生徒に読み聞かせることが仕事だった。それ以外のことを勝手に教えることは絶対に許されなかった。

教育制度や内容について、生徒にも教師にも厳しい規制があることに私は驚き、失望した。

体育の時間には、軍人のように手足を高く振り上げ、列を揃えて行進する練習をさせられた。校長と体育教師が立つ「主席壇」の前を通るときは「金日成同志万歳」と叫ぶことになっていた。声と足が揃わなければ何度もやり直しをさせられた。日本ではやったこともみたこともない動作をさせられるのが一番つらかった。

音楽の時間は、「金日成将軍の歌」が発声練習がわりになった。朝鮮語ができない帰国者の生徒が、カタカナで「チャンベクサンチュルギチュルギ…」と読み方を書いているのが見つかって叱られることもあった。

現地の学生は私たちが来る前、「資本主義の日本から民族差別と抑圧を受けた貧しい子どもたちが来るから、みすぼらしい格好をしていても笑ってはいけない」といわれていたという。ただ、「実際に見たらオレたちよりきれいだからびっくりしたよ」という生徒が多かった。大人たちもそういっていた。

中には日本から来たというだけで軽蔑したり目配せをしたり、神経を逆なでするような物言いをしたりする人も少なくなかった。一方、当時でも余裕のある生活をしていたり、ある程度の学識を持っていたり、日本人と親しく仕事をした経験のある人たちは違っていた。前者は私たち帰国者を「半日本人」、「帰胞」、「在胞」などと蔑称で呼んだが、後者は親切に温かく接してくれた。そして「日本の帝国主義者が悪いことをしたのは事実だ。でも私の近くにいた日本人は優しく、親切で礼儀正しかったよ」とも言ってくれた。当時は時折握り飯や、正月になると餅や果物を分けてくれた人もいたという。日本から来た私たちに対する視線はまさに両極端だったのだ。

とはいえ、学校ではいじめられることの方が多かった気がする。ある帰国者の女学生は、授業中も含めて、校内で地元の学生に「日本から来た半日本人」とからかわれていた。彼女だけでなく、学校の片隅や道端でしゃがみこんで泣いている女の子も見た。私も日本人扱いされた。当初は悔しかったが、次第に呆れた気持ちになっていった。日本にいるときは「朝鮮人」と差別され、朝鮮では「半日本人」と差別されたからだ。

学校に通い始めて二年目の冬頃。全校で映画鑑賞に出かけたときのことだった。

北朝鮮では、日本や米国の帝国主義者が朝鮮を侵略した当時の蛮行や非人道的行為を描いた作品を、学生に鑑賞させることが義務づけられていた。上映中、日本の軍人が満州にあった朝鮮人部落を襲撃し、家々に火をつけ、人々を虐殺する場面が映し出された。私の横の席に座っていた生徒が左右から私の顔を覗き込むようなしぐさを見せた。前に座っていた尹正男という生徒は、わざわざ振り返って私の顔を見つめた。そのうち、憤りの波が私を襲ってきた。

上映が終わった後、私は尹正男を呼び止めて、道端で殴りかかった。尹が倒れてもめちゃめちゃに殴り続けた。尹は鼻や口から血を噴出して腹を抱えていたが、私は止めなかった。日ごろの鬱憤が爆発したようだった。

そこに担任の先生がやってきた。先生はほかの生徒とともに私を止めた。

尹の両親は、学校だけでなく安全部（警察）にも訴えた。医師は、鼻骨と肋骨が折れていると診断した。暴行から二日後、私は安全部に呼び出され、暴行に至った理由と経緯について尋問を受けた。当時も朝鮮語はうまくなかったので、母が代弁してくれた。

母は私が日本人扱いされ、馬鹿にされ、軽蔑されたことが理由であることを懇々と説明してくれた。結局現地の学生とは言葉でいくら平等だといわれても言い争いでは勝てず、手が出てしまったということになった。

私の話を聞いた安全部は、暴行は決して許されないが、被害者にも悪い点があったので、私に重罰を下さなかった。未成年者同士のケンカで、被害者が入院していることから、被害の賠償金三十五ウォン（当時の成人一人の月収に相当）を支払い、十指の指紋を押した「自己批判書」を書き、一週間安全部の庭や便所掃除をさせられて出所した。

その数日後の下校中、社会人と思しき四人の青年から不意の襲撃を受けた。「尹正男の兄だ」と名乗った男は、長いドライバーで私の胸を突いてきた。胸の骨に当たったため深く刺さらなかったが、シャツはベルトのあたりまで血に染まった。

私は必死になってよけたが、二回目のドライバー攻撃が左手に当たった。もう一人の青年は後ろから私の頭を殴ったり腰を蹴ったりしてきた。そこに友人六人が駆けつけてきてくれたため、私は最悪のケースを免れることができた。通りすがりの人たちも止めに入ってくれ、しばらくすると安全部員が大勢駆けつけてきた。

ケンカに加わった全員が連行された。結局双方に非があるとして、一晩安全部の留置所に拘留された。翌日二度と同じことをしないという旨の自己批判書を書き、解放された。私は入院するほどの怪我を負ったが、被害は問題視されなかった。火種は私にあるという理由だった。

現地の人と帰国者がトラブルになった場合、現地の人に有利な方向に判断されることが多かった。もし帰国者が一人の現地同胞を集団で暴行したら、重罰は免れない。私にとって尹兄弟との件は、帰国者の立場を痛感するに余りある事件だった。

農村動員

私が帰国して二年目の九月初旬ごろ、高校二年生のときだった。担任の教師から「明日から一カ月間農村で共同農場の収穫作業を支援することになった」と告げられた。農村動員と呼ばれるもので、担任は「国民であれば当然の課業である」と話していた。もちろん生徒は全員動員された。

出発前に揃えなければならないのは、農場までの山道で食べる弁当と食器、毛布、作業靴、洗面道具、着替え、筆記用具などだった。それに加え、「必読文献」となっている『抗日パルチザン参加者たちの回想記』、感想文の課題図書だった『回想録研究録』も持参せよとのことだった。

一通り説明を終えた担任は、翌日午前九時に学校に集合と告げ、私の方を見た。

「君は祖国に帰ってきて初めての農村動員だが、何か意見はないか」

私は突然の質問に「はい。意見はありません！」と反射的に答えてしまった。すると担任は「うん、そうだ。君は決心がいいぞ！　社会主義国家において、学生は学校で学問し、時には農村に行って農作業の経験をすることが将来のために非常に重要な社会現場実習になる。そして金日成同志に忠誠を捧げることができる」と言った。

北朝鮮では労働者と農民が基本階級であるため、学生から軍人、知識人までのあらゆる階級の国民全員が農村を支援することは非常に光栄なことらしかった。担任は、帰国者は農作業などやったことがないだろうと考え、少しくらいつらいことがあっても我慢しろと言っているようだった。

私には農作業の経験はなかったが、他人が全員できるなら自分にもできるだろうくらいに捉えていた。ほかの学生は、秋の農村動員を楽しみにしていた。春の農村動員は冷たい水田で田植え、夏は炎天下での草むしりなど重労働だったが、秋の収穫期の動員は、「腹ごしらえの季節」らしかった。彼らは必携道具に加えマッチを持っていくのだという。現地の農民指導員の目を盗んで収穫物を焼いて食べると格別で「君も行ってみればわかるよ」とのことだった。

当時の北朝鮮では春、夏、秋になると、あらゆる階級が農村動員に総力を挙げた。交通機関も農村支援参加者が最優先されるよう、特別編成になっていた。小学生は日帰りで近所の農村地帯に行き、それ以上の学生はバスに乗って地方に動員された。当然授業は中断された。工場や企業では単位ごとに交代で、軍では選抜された軍人が動員された。一般庶民も毎日日帰りで作業をしていた。

私は、この頃から北朝鮮では食糧問題が最大の死活問題だという印象を持った。一九七〇年代になると、スローガンの中の「衣食住」が「食衣住」に変わった。金日成が「食」を最優先にしたためだった。

私たちが動員されたのは桂山という集落だった。豆満江の上流に向かって中朝国境沿いの狭い山道を約七時間かけて登った。二十五キロにもなるリュックサックを背負っての道のりだった。

私にとって初めての体験で、非常に苦しかった。足にマメができ、隊列から遅れて座り込んでしまった。私は自分が情けなく、涙をこぼした。

級友や担任が「あと三十分歩けば村に着くからがんばろう」と励ましてくれた。元気な学生に私の荷物を持たせ、さらに両脇を抱えて狭く険しい山道を歩いてくれた。いつの間にか日は落ち、空には星が輝いていた。

しばらくすると集落につき、私はある農家に案内された。その農家で私と担任、そのほか二人の学生の計四人が世話になることになった。学生の一人が、マッチでマメに火をつけて治療してくれた。一瞬熱かったが、痛みはすぐに和らいだ。

担任の先生を含めた私たち四人を泊めてくれたのは五十歳前後の農民宅だった。息子は三人いたらしいが、全員軍隊の将校になっているとのことだった。いわば模範的な家庭で、主人は部落長を務めていた。

翌朝、高校の三クラス約一〇〇人が集落の民主宣伝室に集合した。そこでクラス別・学生個人別に仕事が分担された。

最初に私たちに与えられた仕事は、山に入って数日分の薪を集め、薪割りと寝食の準備をすることだった。私は足を痛めていたので庭掃除をすることになった。

私は自分が、現地の人より未熟で足りない部分が多くあることに気づいた。一言で表せば、艱難辛苦に慣れていないということだった。肉体的にも精神的にもそうであった。彼らは私より小さかったが、とても丈夫な体であった。ケンカをすれば私の方が強かった。しかし実際の生活の中では、精神力の面で大きな差があった。私だけでなく、帰国者はみな貧弱だった。勉強はできても、労働では劣っていると痛感させられた。

私が行った集落はトウモロコシ、ジャガイモ、大豆、コーリャン（キビ）が主な作物だった。毎朝六時に起床して「食前作業」を一時間行う。作業内容はトウモロコシの茎を刈り、皮を剥ぎ、三十キロほど詰まった麻袋を背負って脱穀所まで行ってくることだった。ジャガイモも同様に人力で掘って運搬していた。朝食が済むと三十分後には畑に出て同じ作業を繰り返した。主食はトウモロコシを砕いたもので、私は腹が減るので半分ほどは食べたが、残りは隣に座った李承旭という級友に分けてあげた。承旭は味をしめたのか、食事のときはいつも私の隣に座るようになった。

ある日の休憩時間、承旭が私を小川のそばに連れて行き、乾燥前の青い皮のトウモロコシを焼いてくれた。腹がすいていたのでまさに天下一品の珍味だった。一カ月間、過酷な労働に耐えることができたのも承旭が焼いてくれたトウモロコシや枝豆、大豆を食べたおかげかもしれない。近所の小学校で飼われていたウサギを盗み、川辺で鍋にしたこともあった。

私は思った。人間は生活環境に対応して思考方式を選択すべきだと。それは承旭から学んだことだった。作物を即席で焼いて食べる方法も承旭から教わった。

その承旭は高校在学中に召集を受け、軍に入隊した二年後、防空壕の工事現場で爆発事故に巻き込まれ亡くなった。今思えば私は承旭のおかげで栄養失調にならずにすんだ。大げさに言えば、彼は私の命の恩人なのだ。それ以上に、いかに辛い境遇でも知恵を絞れば生存の道はあるという教訓を与えてくれた忘れがたい友人だった。

私はそれから四十五年間、毎年農村動員された。春、夏、秋だけでなく、冬は便所から人糞を汲みだして乾燥させ、近隣の農場にリヤカーで運んだ。その場で計量して証明書をもらって職場に提出しないと配給がもらえなかったからだ。肥料の供出量は、一般家庭で一人あたり人糞五〇キロとされていた。三人家族なら一五〇キロとなる。肥料としての質が落ちる鶏糞や牛糞は一人あたり一〇〇キロだった。

金正日時代には、二月十六日の誕生日などになると、共同農場への道は人糞を納めるための人で行列ができるほどだった。当時帰国者たちは、人糞を積んだリヤカーの行列を「お殿様に差し上げる糞行列」と呼んで、風刺していた。ばかばかしい話であるが、当時は家族の生死を分ける重大事であった。

第二章　北朝鮮での生活

中国に渡る

私が帰国した一九六〇年代の初期から七〇年代末頃まで、中朝国境は豆満江にしろ鴨緑江にしろ、現在のように武装警備隊が沿岸に兵営を建て、歩哨が巡回するような殺伐とした雰囲気ではなかった。当時は国境といっても川が流れていただけで、人々はその川が国境の目印だとしか思っていなかった。

春になると朝鮮側の人々は大人も子どもも岸辺で釣りをしたり、網で小魚を獲ったりしていた。大人の中には中国側まで泳いで渡り、日当たりのいい砂場に寝転んで昼寝をする人もいた。それが普通のことであった。女性は洗濯をしていた。洗濯物を叩く音が川岸に響いていて、本当にのどかな雰囲気だった。

当時の女性たちは洗濯物を川の水で濡らし、大きな石の上において木製の棒を片手で振り上げ、洗濯物の垢や汚れを叩いて落していた。日本のように石鹸で洗うことはしなかった。彼らは帰国者が日本製の石鹸を使っているのを見て非常にうらやましく見ていたようだった。

今もそうだが、一般住民の家には日本のように浴室がない。夏になると大半の人々は川で沐浴をした。私が住んでいた炭鉱の町には、銭湯は一軒しかなかった。それさえ七〇年代に入って姿を消した。日本の植民地時代から使っていたため老朽化し、ボイラーは故障して古鉄になった。

当時は季節に関係なく、朝鮮の人が中国に渡って国境沿岸に住んでいた。親類や友達の家に遊びに行くこともあったが、現在のように逃亡する者はいなかった。親類や友人から休耕地を分けてもらい、種まきから収穫までする者もいた。彼らは秋になると、ドラム缶や自動車タイヤのチューブ、丸太を組み合わせて作った簡単ないかだに乗せて、穀物を朝鮮側に運んできた。もちろん法的に越境は統制されていた。しかし捕まっても自己批判書を書かされるくらいで、現在のような厳罰はなかった。

中国側の国境沿いには「サグァベ」の果樹園が長く伸びていた。今もあると思うが、吉林省では「平果梨」と呼ばれていた。「平果」とはリンゴのことである。サグァベは熟すと濃い黄色や赤色に輝き、リンゴのようなナシのような味がした。

帰国者は中国に親類などはいないので、九月頃になると友人らと一緒に中国側に渡り、果樹園でサグァベを腹いっぱい食べた。北側に戻る前にはリュックサックがはちきれんばかりにサグァベを失敬してきた。サグァベの果樹は高くても三メートルほどだったため、詰め込むのに十分もかからなかった。味をしめた私たちは、翌年も九月中旬の収穫期に中国側に渡った。リーダーは共同農場で働いていた二十三歳になる李範柱という青年で、近所に住んでいた華僑の高樹青と元子濱に私が加わり、計四人で対岸に行くことになった。私以外の三人はみな、豆満江の中国側に親戚を持つ者だった。

しかしその日、私たちは運悪く現地の若者たちに捕まってしまった。若者は七人ほどいて、全員が手に猟銃や丸太棒、鉄パイプを持っていた。青年らに捕まった私は恐怖心で瞬間的に体が固まり、背中から冷や汗が流れ出てきた。

ところが中国側の青年と私たちのグループの華僑が話し合っているうちに、だんだんと表情が柔らかくなっていくのに気づいた。言葉はわからなかったのだが、しばらくすると笑い声まで聞こえてきた。華僑の説明では、中国の青年たちは果樹栽培に生計をかけているのに、朝鮮人が盗んでいくので一度捕まえて見せしめに半殺しにするつもりだったという。ところが、運良くこちらの朝鮮族と相手側の一人が知り合いだったため、許してくれるとのことだった。

彼らは物々交換しようと提案してきた。私たちはその場で彼らの提案に合意した。私たちは朝鮮で入手困難な万年筆、懐中電灯、布の染料、薬品、靴、自転車などを挙げた。すると向こうは乾物や海藻類など、魚介類を求めてきた。海産物は一九七〇年代中盤から外貨稼ぎに回されたため、北朝鮮内で一般人が口にすることは困難になったが、六〇年代まではどの食堂に行ってもタラ、ホッケ、スルメイカなどを日常的に食べることができた。今でも現地の人たちは、六〇年代の生活が一番豊かだったという。

私たちは中国側から依頼された海産物を四人で分担し、一週間以内に調達することを約束した。私はことの一部始終を両親に打ち明けた。母はびっくりして「二度とそんな危ない真似はするな」と大反対したが、私は無理やり納得してもらい、物品調達の承諾を得た。私はサッカーボールやノートがほしかったが、母親が以前、姉や妹が年頃になってきたので嫁入りのための寝具が必要だといっていたのを思い出し、中国側には布団用の上等な生地や毛布を交換品として要求した。

私は母から二〇〇ウォンもらった。当時は労働者の平均的な月収が五十から七十ウォンという時代。日本から持ってきた自転車を六〇〇ウォンで売って得た貴重な現金だった。親友の一人が、親戚が清津のある水産事業所で漁師をしているというので、一緒に汽車に乗って清津に向かった。手土産に酒を十リットル持っていった。

首尾よく海産物を手に入れることができた。炭鉱の町よりもはるかに安く、鮮度も抜群だった。干したタラにホッケ、明太子、白子、スルメ、昆布、ワカメ、ウニのアルコール漬け、タコ…。総重量は六十キロを超える大荷物になった。運良く港のトラックが私の町に石炭を積みに行くというので、タバコ一カートンを渡して乗せてもらった。

物々交換の約束をしたほかの三人も、約束どおりの品を揃えてきていた。手製のイカダに荷物を載せ、約束の場所に運んだ。荷物はイカダで、私たちはイカダを押しながら渡った。

しばらく川辺の柳の木の下で待っていると、大きな黒いイヌを連れた大柄な青年が近寄ってきた。彼は私たちを確認すると指笛を吹いた。すると丘の上の方から五人の若者が川岸に降りてきた。一週間前の青年たちだった。彼らは私たちに「天安門」と書かれた中国製のタバコをくれた。一本ずつ吸い終わると取引きが始まった。

私たちの海産物を見た彼らは大喜びで、その場でスルメをちぎって食べ始めた。彼らも約束どおりの品物を揃えていてくれた。私は布団の生地十六メートルと毛布を一枚もらった。華僑の二人は自転車をもらった。それさえあればほかには何もいらないという様子だった。〝国境貿易〟は大成功だった。

五十年前のことをわざわざ書いたのは、現状を大変遺憾に思うからだ。私の願いはただ一つ。豆満江が昔のように平和で友好的な中朝国境に戻ってほしいというだけである。

公開処刑

私が帰国して初めて公開処刑を目にしたのは、帰国後一年にも満たない一九六〇年代の前半だった。

街中で一番人通りの多い場所や、駅前広場にある掲示板に、黒字で「人民公開裁判」と書かれた白い紙が張り出された。その横には「殺人犯罪者、金元国を人民の名で公開処刑にすることを公示する　年齢三十二歳」と書かれており、死刑執行の日時と場所が書かれていた。執行日は私が掲示板を見た三日後で、執行場所は川原だった。

執行当日、私は家族とともに見物に向かった。罪人を群衆の前で公開処刑するなど、聞いただけで胸に恐怖の波が押し寄せてくるようで、気持ちが悪くなった。一方で、生まれて初めてのことであったため好奇心があったのも事実だ。

川原に行ってみると、五〇〇〇人ほどの住民が川原の中央に集まっていた。橋の上から見ている人もいた。時刻は午前十時くらいだったと記憶している。

死刑囚の両親、兄弟、親類は群集の最前列に座らされていた。死刑囚のすぐ後ろだった。

裁判官が死刑囚に向かって名前、年齢、職業、住所などを聞いた。質問に答えた死刑囚の肉声は、マイクを通してある程度聞き取ることができた。

続いて検事が死刑囚の罪状を読み上げた。時間的には約五分だった。次に演壇にいる陪審員、判事、弁護士が罪人に向かって犯罪の動機や経緯について質問したようだった。当時は朝鮮語の会話や聞き取りが不十分だったため、難しい政治用語や法律用語を十分に理解できなかった。

しかし、最後に裁判官が言った「殺人犯・金元国を人民の名において死刑に処する。刑は即時現場で執行する」という最終判決ははっきり聞き取れた。

安全員二人が罪人を演壇の横に無理やり引きずっていった。演壇の横には四角い白い布がカーテンのように垂れ下がっていて、罪人はその後方に引きずり込まれた。三分ほど経つと布が下ろされた。そこには丸い柱にロープで縛りつけられた死刑囚が立っていた。

目と口は白い布で覆われ、ロープは胸、腰、脚の三カ所にしっかりと縛られていた。服装は薄い墨色の防寒服のような、分厚い死刑服を着せられていた。

安全部の上官が兵士三人に「死刑囚に向って前へ進め！」と号令を発した。兵士三人は肩に自動小銃をかけ、足並みを揃えながら死刑囚の前に立った。

「気を付け！　射撃準備！　われわれ人民の敵、金元国に向けて射撃！」

上官は甲高い声で命令を下した。その瞬間、わずか五、六メートル前に立たされていた死刑囚に、一斉射撃が浴びせられた。

兵士たちは最初に胸部を狙ったようで、胸部のロープは銃弾で弾き飛ばされた。すると頭が垂れ下がり、続いて頭部めがけて銃弾が三発連射された。髪の毛が飛び散り、原形をとどめない頭部から、豆腐のような白い脳みその塊が死刑囚の足元に落ちた。続いて腰にも銃弾が浴びせられ、腰の部分のロープが切れた。最後に脚部のロープが銃弾で断ち切られ、死体は前のめりに倒れた。

死体の上半身は、前に敷かれた大きな袋にすっぽりと入った。上官が足で下半身を蹴って、死体は完全に袋の中に入った。公開処刑はそれで終わりだった。死体が入った袋は、二人の兵士に引きずられ、待機していたトラックの荷台に投げ入れられた。死体がどこに埋葬されるのか、あるいはどこかの山に捨てられて獣に食い荒らされるか、誰一人として知る者はいなかった。

人間が目の前で銃殺される光景を見て、私は背筋が震えるほど恐ろしい思いをした。どのような罪を犯したにしろ、形だけの裁判で裁かれ、簡単に極刑の判決が下されることに脅威を感じた。その日の夕食は、昼間に見た恐ろしい光景が目の前に浮かび、口に入れたご飯がなぜか砂を噛んでいるようだった。家族も同じ気持ちだったらしく、みな気分が悪そうな表情をしていた。それ以上に気になったのが、自分の身内を目の前で銃殺された死刑囚の親兄弟や親戚のことだった。わずか数メートル先で悲惨な最期を目にしたのだから…。

公開処刑される人々の罪状や動機は、年代によって異なっていた。大別すると六〇年代から七〇年代は政治・思想犯だった。過去の親日・親米・親韓行為が問題視され、政治・思想犯として処刑される人が多かった。「出身成分」による差別への反発が動機になった犯罪も珍しくなかった。私が初めて見た公開処刑で銃殺された男は、出身成分のために結婚に反対され、相手の父親を殺したのが理由だった。

八〇年代以降は軽微であっても「生きるため」、「食べるため」に罪を犯した者が大半を占めた。窃盗・密輸・違法薬物取引・人身売買などをした者が刑台の露と消えた。彼らは経済犯や出入国法違反者という、いわば軽犯罪者であったが、片っ端から銃殺されていった。

変わった点はほかにもある。一度の公開処刑で殺される人の数が増えたことと、「成分」に関係なく、違法行為者は処罰されたという点だ。八〇年代以前はそうではなかった。例えば二人の青年が殺人を犯したとする。「成分」が悪い家の青年は死刑を宣告され、「成分」がいい家の青年は三年ほどの懲役刑になるということがままあった。しかし私が脱北する頃になると、様相はまったく異なっていた。

きっかけは、一九八一年に当時の国家政治保衛部長であった金炳河が粛正されたことだったように思う。金部長が粛清された後、金正日は安全部と保衛部の幹部の前である指示を下した。

「法に反する行為をした者は、社会的職位、出身成分、過去の業績、功労を問わず、例外なく法に従って厳重に処罰せよ」

金正日は、一番恐れている体制崩壊を呼び起こすのは住民の思想的・精神的動揺だと感じていたに違いない。

一九九八年五月、黄海南道の海州に行ったときのことである。海州市には私の弟と嫁に行った妹が住んでいた。滞在中のある日、市の中心部を流れる川で公開裁判が行われるということで、私もついていくことになった。川原には約二五〇〇人もの群衆が集まっていた。

裁かれるのは六人。主犯は洪京姫という二十八歳の女だった。

洪は四年前から計画的に海州歴史博物館に陳列されていた貴重な骨董品を盗み出し、鴨緑江まで持っていって中国人や韓国人に売っていたという。そのため彼女の生活は市の党幹部よりも裕福だったらしく、安全部や保衛部の「要視対象」になっていた。

洪の犯行は、大胆で知能的な犯罪だった。洪はまず博物館の夜間警備員を金と酒で篭絡。後には自分の体まで預け、二人の男を手玉にとってしまったのだ。一方で彼女は、有能な陶工に本物そっくりの骨董品を作らせ、博物館にある本物とすりかえて盗品を売った。こうして彼女はマンションも自家用車も外貨で手に入れたのであった。

洪の欲望はそれで収まらなかった。大胆にも彼女は中国で偽造パスポートを入手し、韓国の済州島で観光を楽しんだという。

監視対象の女の姿が見えなくなったということで、保衛部と安全部は即時中国に写真突き出の指名手配を依頼。一カ月後、中国・瀋陽にある韓国人経営のホテルにいたところを中国公安当局に逮捕され、北朝鮮に送還された。

彼女が取調中に言い放ったという言葉が市内に広まっていた。

「自分は一生の間、一度でいいから外国人のように自由で裕福な生活をしてみたかった。だから女性としてやりたいことはみな成し遂げた。明日死んでもいい。思い残すことはない」

川原に集まった人々の一部は「すごい女だ。オレたちもあの女のように一度でいいから豪華な暮らしをしてみたい」、「殺すにはもったいない。女傑といっても過言でない女だ」とささやきあう声が聞こえていた。私の心情も同じであった。

彼女は外国の映画や製品を見て、憧れを抱いたのだろう。結果として死刑になってしまったが、人間として誰もが持ついい暮らしへの渇望からだったに違いない。

一九九〇年代の中盤からは平壌でも公開処刑が行われるようになった。九五年には万寿台創作社（平壌市平川区域）トップの初級党秘書が金正日の要求に逆らい処刑され、九七年には金日成社会主義労働青年同盟の第一秘書であった崔龍海などの上級幹部粛清、党中央委員会農業担当秘書の徐寛煕粛清事件など、上層部の粛清が続いた。この中での例外は崔龍海だった。父の崔賢が金日成の右腕だったため、彼は金正日の配慮で命を助けられた。

私はいずれ現独裁者一族が公開裁判に立ち、国民の峻厳な審判を受ける日が来ることを願っている。

変わっていった人々の意識

六〇年代から七〇年代までは、十万人近い帰国者が各地に配置されていた。日本の方がはるかに経済的・文化的に発展していることは、彼らの服装などから明らかであった。帰国者は自転車や時計も持っていた。そうした生活用品を見て、あるいは使ってみると、現地の人たちは違いを認めざるをえなかった。

一九八〇年代、中国が市場主義経済の導入で発展しはじめると、中国の品物や食べ物が国境を越えて大量に流れ込んできた。それとともに、韓国製の商品も中国を経由して密輸されてきた。

北の社会全般に、韓国が自分たちとは比較にならないほど発展していることが目と肌を通じて広がりはじめた。およそ半世紀にわたって耳にタコができるほど強要されてきた思想教育が、真っ赤な嘘であったことが証明されてしまったのだ。

九〇年代中盤からは中国製の受信機を使って韓国のKBSラジオを隠れて聴く人が増えた。中朝国境地帯や三十八度線に近い海州や元山といった都市部だけでなく、近隣の農村でも、住民は厳しい監視の目をかいくぐって中国で放送されている韓国のテレビドラマなどを受信していた。私は夜間に抜き打ちで取り締まりを受けたことがあったが、保衛部の人間はドアの叩き方が違うので、さっとCDを北朝鮮のものに入れ替えてごまかした。こうしたことが続くと、敵もさるもので、事前に停電させて中身を取り出せないようにして見回りを行うようになった。こちらは対策としてプレーヤーを二台用意するようになった。どれだけ厳しい取り締まりでも、住民の知恵で必ず抜け道を見つけてしまうのである。

私自身も中朝国境地帯に住んでいたので例外ではなかった。八〇年代には日本の「おしん」、二〇〇六年ごろには、韓国ドラマ「冬のソナタ」も見ていた。

国境近くの住民の中には、国境警備隊と手を組んで、中国からさまざまな物を密輸してくる商人が大勢いる。彼らは中国製品だけでなく、中古の韓国製テレビや衣類、化粧品、靴、CD、DVDなどを密輸してぼろ儲けしていた。映像物は韓国語の吹き替えや字幕がついたものだった。大半は中国でコピーされたものだった。特に韓国の映像物やCDは字幕がなくても通じるため、一番の人気だった。ポルノビデオは入手が困難で、ドラマのDVDより五倍以上高価だった。キリスト教の新約聖書や仏教の経典も流れ込んできていた。

こうしたモノや情報の氾濫が、北の住民たちにとって「文明開化」の火種となった。半面、数多くの思想犯や政治犯を生み、法の犠牲になってしまったことも確かである。外のものに触れた住民の意識には変化が起こり始めた。「自由で豊かな生活をしてみたい」という人間の本能的な欲求が膨らみ始めたのである。

北の住民は、外国から認知されているような無知蒙昧な人々ではない。それは昔のことで、今は全員が自分たちの貧しさを知っている。それを口に出せず、行動にも移せないだけのことなのだ。

大学進学をあきらめて就職

一九六〇年代中盤、私は高等鉱業学校を卒業後、K市の中心部にあった炭鉱に入職した。炭鉱は従業員約三八〇〇人の「二級企業所」（政府管理下）で、半有給の体育部と芸術部が置かれていた。

大学に入学し願書を提出してはいたが、大学入学は地方の党委員会や行政幹部の子弟が最優先された。次いで兵役を終えた元軍人、身分が〝潔白〟な家庭出身者となっていた。帰国者など成分が確実でない者は、「成績」がよくないという理由で受験さえさせてもらえないのが普通だった。

最初に「疎外対象」の通知を受けたときは、悲しくもあり悔しくもあり、その情けない気持ちは言い表せるものではなかった。それでも在学中から大概のことは予見していたので、心の痛みを長く引きずることはなかった。

仕方なく炭鉱で働くことになったのだが、時代は金日成首相（当時）が「石炭は工業の食糧である」と表現し、「社会主義建設部門で、青年は炭鉱・鉱山・林業・水産業部門へ積極的に進出して、先鋒的な役割をするべきであり、これが共和国公民の光栄な義務である」という特別教示を全国に下達した頃だった。金日成は「重工業を優先的に発展させ、軽工業と農業を同時に発展させる」という社会主義建設路線を発表。この路線を貫徹すれば、住民は白いご飯に肉のスープを食べ、絹やナイロン製の服を着て、クジラの背中のような立派な瓦張りの家で暮らせる、ということだった。住民全員がそのスローガンを信じていた。

当時北朝鮮は、戦争で破壊された工場などをほぼ復旧させていて、工業や電力生産で韓国を凌駕していたことは確かだった。北朝鮮の工業基盤や鉄道・水力発電所の類は、ほぼすべて日本人が作ったものだった。残る課題は技術と労働力だった。

しかし、自ら経済を運営した経験もなく、有能な技術者も少なかったため、設備はすぐに老朽化した。七十年代に入ると経済状況は悪化していった。北朝鮮経済の最大の特徴といえるのが、生産の下落を人海戦術で補おうとする点である。例えば石炭の生産が落ちれば、掘削技術の改善や新鉱脈の開発に手をつけるのではなく、どこからか人員を集めてきて強制的に現場に投入する。これはいまだに変わっていないと思う。

実は私は、炭鉱に配置されるのをそれほど嫌っていなかった。ほかの工場や事業所と違い、食糧の配給が滞らず、量も多かったためだ。当時は若かったので、たくさん食えればどこでもいいという気持ちだった。

炭鉱の労働課に行って、坑内でのきつい作業を希望した。しかし課長からは、思いがけない言葉が返ってきた。

「君は学校のサッカー部で有能なゴールキーパーだったから、炭鉱の党委員長（書記）から君とほかの四人を、坑外の現場に溶接工として配置しろと言われた。一週間の労働安全教育を受け、六カ月間は見習い工として働きなさい」

私は学生時代からスポーツが得意だった。日本では主に野球と陸上をやっていたが、北朝鮮ではサッカーやボクシング、バスケットにも取り組んだ。サッカーは春から、ボクシングは冬場に、陸上はその合間を縫ってといったスケジュールで、いくつもの種目を掛け持ちした。北朝鮮では珍しいことではなかった。道大会や全国大会に行くと、各地から集まった選手たちと親交が生まれる。不思議なことに、ボクシングは四割ほどの選手が帰国者だった。金策に住む帰国者の友人もでき、何度か手紙をやり取りした。スポーツや芸術は、比較的成分に関係なく評価されるので、その点も私たち帰国者にとっては魅力的だった。

秋になると、各学校から選抜選手を集めて市や道の大会が行われる。学生だけでなく、社会人部門も行われる大規模な大会だ。学生時代から道だけでなく全国大会でも多少名を知られた存在だった私は、大会十五日前になると「静養所」と呼ばれる合宿所に入った。仕事は午前中の四時間だけで、午後は夕方まで練習することになっていた。これは党委員会の指示だった。

静養所に入ると、給料はそのまま支払われるものの、配給は十五日分差し引かれる。しかし、静養所で出される食事は、配給以上に充実した内容だった。静養所内には「栄養材食堂」と呼ばれる食堂があり、朝と夕食はここでとる。白米三〇〇グラムと肉のスープに卵、砂糖など、当時としては破格の待遇だった。昼食は弁当である。白い飯と肉のスープがおいしかったので、練習を休むことは一度もなかった。この生活は、バスケットボールをしていた四十代まで続けた。

大会以外の時期は職場と自宅の往復である。私はこの生活サイクルが、自分にとっては最も賢明な選択だと思っていた。家族一緒に暮らせているだけで十分だと考えていたし、帰国者という立場でこれ以上望めることはなかった。

私は最初、坑外で溶接工として働いた。六カ月間の見習い期間を終えた私は、二級工として働き始めた。一年に一度技能試験があり、試験に合格すれば、三級、四級と昇級していく。当然のことながら、級によって受け取る給料は変わる。そのため私は一生懸命に技能を磨き、理論を学んだ。

私はその後、旋盤工として働いた。始めて五年で五級工となり、十二年後には七級工になった。最終的には八級になった。なぜ十二年間で二級から七級までしか上がれなかったのかといえば、途中四年間、坑内で採炭工として働いていたからである。最も厳しい現場に入れば、労働党の党員になるチャンスがあった。最初の予定は一年間。首尾よく私は労働党員になることができた。かといって、労働党員になったからすぐ現場を離れますとはいえない。そのためその後の三年間は炭坑内での採掘作業を続けた。

採炭工時代は制服を着て出退勤していた。朝六時までに出勤して各小隊の行事室に行き「坑内労働服」に着替えて出勤の確認をとる。それから労働新聞の重要記事の朗読やその日の生産ノルマについての説明を受ける。そして坑外の広場に集合してから支配人や坑長の五分程度の演説がある。内容は主に安全規定についてだったが、生産計画達成のための行動指針を授けられることもあった。

それから金日成将軍にささげる忠誠の誓いを全員が声を合わせて朗読し、「遊撃隊行進曲」という勇ましい歌を合唱する。拍手と歌声が広場に響き渡る中を、班ごとに坑道の入り口に立って服装検査を受ける。キャップランプの電池の状態や安全帽の着用、そして何よりも厳重だったのは、マッチやタバコなど、発火物の持ち込みだった。

現場ではまず、ダイナマイトで爆破した後に残る火薬の臭いが鼻を突く。腐りかけた坑木（坑内の支柱など）のカビの臭い、トイレもないため作業員の糞尿から出る悪臭もあり、気が狂いそうになる。ところが数カ月後には当たり前のように感じるようになってしまう。

入坑から現場まで一時間半、作業後に上坑するまで一時間半。昼食時間三十分。これらを除いた実質四時間半が作業時間となる。短時間でノルマをこなさなければならないため、汗だくになって働く。一カ月の生産計画が未達成となると、その月の給料は半額以下に減らされてしまうからだ。

政府から下達された石炭生産目標は年間三十万トンだった。私が勤務していた二十二年間、生産計画を達成できたのはわずか四回だけだった。設備の老朽化や電力・資材不足、さらには労働者の生産意欲低下が影響したと思われる。

帰国者が集まる安村家

私が住んでいた炭鉱町に配置された在日帰国者は約五十世帯だった。さまざまな職業や生活を経た人たちがいて、朝鮮人の夫と日本人妻の世帯は四分の一ほどだった。最も多かった日本での職業はやはり炭鉱夫で、北海道と福島、九州出身者が多かった。そういった理由から北朝鮮でも炭鉱に配置されたようだった。

炭鉱で働いていた帰国者の数は二十五人ほどだったと思う。十代や二十代の若者は、重労働ではあるが給料や配給面で高待遇になる坑内の作業をしていた。三十代から四十代の人は坑外にある工務課の鍛冶工や旋盤工、石炭選別所の作業員、電気機械修理工として働いていた。坑夫用の風呂屋で番頭をしていた五十代以上の帰国者もいた。

炭鉱の正門から五、六十メートルのところに住んでいた安村さん一家は、佐賀県から来ていた。安村家には六十代の父・福雄さんと日本人妻のトキさん、三十代の長男・敏光さんと、次男の正敏さん、さらに三男と四男もいた。四人の息子のうち、結婚していたのは敏光さんだけで、奥さんは二十代の日本人、恵子さんだった。

炭鉱で働いていた帰国者は、よく敏光さんと恵子さんの家に食べ物を持って集まり、日本での思い出話などをしていた。近くに住んでいた福雄さんを筆頭に、安村家の人はとても優しく、学識の高い方だったからだ。日本人のトキさんと恵子さんがいたこともあり、日本人にとっても集まりやすかったようだ。トキさんは外出時、いつもモンペ姿で下駄を履いて歩いていた。周りの人たちは「モンペハルモニ（おばあさん）」と呼んでいたが、本人はそんなことはまったく意に介していないようだった。私はその姿を見るたび深い感動を覚えた。誰が何と言おうと、自分は日本人であることをいつも誇りに思っているといった信念の強い方に思えた。

安村さん宅は、帰国者に割り当てられた八軒並びの平屋住宅で、作りは私の家と同じだった。地元の人の家に比べれば確かに六畳間が一つ多かったものの、家族で住むには狭かった。まして や人が集まると、すし詰めになった。

安村家に集まった帰国者たちは、日本の歌を歌ったり、それぞれの故郷のことを語りあった。互いに胸襟を開いて話せる憩いの時間だった。何よりも楽しかったのは、敏光さんの話だった。敏光さんは九州大学を卒業しており、知識は豊かで人格も兼ねそろえていた。世界の歴史や日本の歴史、文学、そして当時の有名人や歴史上の英雄の物語は本当におもしろかった。私は敏光さんの話を通じて、人間の生き方などを知らず知らずのうちに教わった気がする。

夜更かしをしていると、恵子さんが自家製のおやつを出してくれた。ぜんざいやあんこ餅といった、贅沢な甘い物を出してくれたことも一度や二度ではなかった。こちらが、「本来であれば話を聞かせていただいている私たちが物を持ってくるべきなのに」というと、夫婦そろって「私たちも日本が名残惜しくてたまらないときに、みなさんが訪ねてきてくださるから、こちらこそ嬉しくてたまらないのです。遠慮せずにいつでも遊びにいらしてください」と答えるのであった。

家の中ではすべて日本語で話すのも暗黙の決まりになった。日が経つにつれて、昔話だけでなく食事会や日本の歌や踊りを楽しむ集まりも発足した。歌の会には福雄さんとトキさんもよく顔を出し、部屋の雰囲気は一層盛り上がった。

敏光さん夫婦は揃って料理上手だった。歌を歌えばこれまた名歌手顔負けの美声だった。トキさんも絶妙な節回しで聞く者を感動させた。次男から四男まで、息子たち全員もすばらしい歌声だった。周りの者は口を揃えて「美しい歌声は間違いなく親譲りだ」と言いあった。

私たちは朝鮮の歌はそっちのけで、日本で流行していた演歌に夢中になった。安村家の三男・貴信は私と同年で、四男の貴弘君は二歳下だった。私を含めたこの三人に加え、安村家に出入りしていた私と同年の李承哲は、よく遊ぶ間柄になった。北に渡ってから日本で流行した曲は、貴信や私が日本から持ってきたラジオでひそかに聴いて覚えた。お気に入りの曲が流れると、私たちは同時に歌詞を速記する。互いに書き落とした部分を補完して、ほとんどの曲はすぐに覚えることができた。

歌は本当に心の癒しになった。時代が下って一九九〇年代後半、餓死者が続出した「苦難の行軍」時代のことである。私はある日、信用できる帰国者九人を屋外での食事会に誘った。その日は日曜日で、各家庭から手作りの酒や料理を持って集まった。場所は人影のない山の頂上を選んだ。帰国者が集団で山登りをすると怪しく思われるので、途中にある大きな松の木付近で集合して、全員で一時間半ほどかけて目的地に向かった。

参加者たちはそれぞれの近況や日本に住んでいたころの話、生まれ故郷の話などを語りながら、雑穀まじりの昼食を分けあって食べた。各家庭から一本ずつ持ち寄った酒も自家製で、副菜はキムチや野菜炒め、小麦やキビの粉で作ったチヂミ、少し余裕のある生活をしていた人はブタ肉や海鮮の天ぷらを持ってきた。座ったのは四方が見渡せる開けた芝生の真ん中にした。それが一番安全だった。

時間が経つにつれて、あちらこちらで自分の得意な歌を歌い始める人が現れた。私はカバンの中からレコードプレーヤーと乾電池を取り出し、密かに隠しておいたテープを回した。日本や韓国の歌謡曲であった。カバンの中には万寿台芸術団や普天堡電子楽団に所属する歌手のテープも入れてあった。万が一誰かにカバンの中を見られても怪しまれないように、それくらいの準備をするのは習慣になっていた。

参加した人々は、美空ひばり、春日八郎、三橋美智也、三波春夫、村田英雄、橋幸夫、舟木一夫などの歌が流れると最初は喜んで一緒に歌い、酔いが回ると笑いながら涙をこぼして歌っていた。彼らはその場が朝鮮だということを忘れ、苦しかったこと、悲しかったこと、辛かったことも全部捨てて楽しんだ。帰り道は肩を組んで泣いたり励ましあいながら、夜空に星が光るころ密かに帰宅した。

話を元に戻す。安村家で仲良くなった私たち四人は、日本から持ってきたグローブでキャッチボールをしたり、冬は豆満江でスケートしたり、夏には水泳をして楽しんだ。町の「共設運動場」（グラウンド）に集まり野球に興じることもあった。野球の人数が足りない時には、現地のおじさんを集めて二チーム作り、試合をした。彼らは日本の植民地時代に学校で野球部に所属していた人たちだった。彼らは「久しぶりにグローブをはめてバットを振るよ。懐かしいね。おもしろい」といって喜んでいた。

おじさんたちはほとんどが炭鉱労働者だったが、学校の先生も二人いた。当時は知識人が不足していたため、本来は「下の階層」に属するはずの日本の教育を受けた昔のエリート層が教育現場にいた。彼らは一様に日本語が流暢で、文字などは若い私たちより達筆だったため、驚いたことを記憶している。

彼らがひそかに漏らした言葉を今も覚えている。

「朝鮮を武力で植民地化した軍国主義は確かに悪いと思う。しかしその半面、利点もあった。朝鮮が封建時代から近代化され、経済と交通、特に鉄道建設と啓蒙思想により、人々が意識を持って学校に通うことができたことだ。もちろん天皇崇拝教育であったが、学びを通じて世界を見ることができた」

おじさんたちの学歴を聞いてみると、京城帝国大学（現ソウル大学）や日本の明治大学、または地方の専門学校卒と、意外に高学歴だった。当時は帰国者が野球をしていても、炭鉱の党委員会幹部らは別に問題視しなかった。「野球程度のスポーツに思想などないだろう。やりたければやれ」といわれた。そのため現地の人たちも参加してくれたし、見物に来たりもしていた。

第三章　炭坑での落盤事故と安村家の悲劇

安村家を襲った不幸

一九七〇年九月、安村家は突然の不幸に見舞われる。当時の炭鉱は三交代制で、私は深夜十二時から翌朝の八時までの「乙番」だった。これは日本の植民地時代の呼び方だったという。

坑道から出たのは朝の九時頃だった。出口から三十メートルほど離れた坑夫専用の風呂場で体を洗い、家に帰って朝食を食べていると、炭鉱の方から非常サイレンが聞こえた。サイレンは短く三回鳴って止まった。

「事故だ！」

通常炭鉱のサイレンは、「民間防空訓練」で使われる。「敵機襲来」の時は短く五回。それを三回繰り返す。「爆撃解除」となると長く三回サイレンが鳴り、これも三回反復される。炭鉱事故の場合は短く三回を三回繰り返す規定になっていた。

近所にある炭鉱救助隊の隊員ら約十五人が、小型の酸素ボンベを背負って私の家の前を走っていくのが窓越しに見えた。私は救助隊の入り口にある警備室の知人に、事故の概要を聞きに走った。救助隊の知人は「坑内で落盤事故だ」と教えてくれた。「何号の作業現場ですか」と私が聞くと「よくわからないが、一一二号現場だと連絡が入った。隊員を緊急召集し、集まった者だけをとりあえず現場に送った」とのことだった。

それを聴いた瞬間、体中の血が冷水になって一気に心臓に流れ込んできたような寒気を覚え、身震いした。貴信の作業現場だったからだ。私は彼が朝の交代で現場に入っていったことを知っていた。

一一二号現場は、豆満江の近くなので天井からの落水が多く、岩盤は水を吸って弱くなっていた。しかしその現場は、坑内で唯一最上級のコークス炭が採れるところだった。そのため炭鉱側は、危険があるのを知りつつ生産を継続していた。

私はそれまで多くの労働災害現場を目撃してきたが、坑内のガス爆発事故と落盤事故がどのような状態で、どのような結果を招くのかは見なくても理解できた。それは多くの人命被害をともなうものであった。その日の落盤事故の状況も、坑夫の運命もすでに察知していた。しかし、心の中では「まさか！　あいつが…、いや、そう簡単に命を落とすような男ではない。絶対にそういうことはありえない」と考え直した。

しかし、無理やり楽観的に考えようとしてもそれは一瞬のことで、恐怖と不安、焦燥から逃れようとしている自分に気づいた。まずは炭鉱に行こうと服を着替えて外に出た。

そこに、李承哲が息を弾ませて走ってきた。彼も貴信が朝現場に入ったことを知っていた。承哲は私の家から徒歩二十分ほど離れた場所に住んでいた。私たちは表通りではなく、裏の近道を一目散に走った。

炭鉱の出入り口には十分ほどでついた。坑道口の前にはすでに大勢の人たちが集まっていた。炭鉱の従業員や役人のほか、家族たちの姿も十数人見えた。みな顔見知りの人たちで、一様に絶望的な目つきで泣いていた。地面に座り込んで「あの子が死んだとしたら私も生きたくない。一緒に埋めてくれ！」と絶叫している高齢女性もいた。私はその光景を見て、自分が何か罪を犯したかのようにおびえ、唇と手足が小刻みに震えて仕方なかった。

私と承哲は躊躇する間もなく、坑道口の横にある入坑検身検査室の係員に「私たちの親友の貴信君が事故現場で働いていたので入坑許可をください」と、半分怒鳴りつけるように、半分泣きすがるような顔つきで嘆願した。しかし「支配人同志の指示で誰も勝手に坑内に入れるなとのことだ」と断られた。

そのときだった。坑内の事故現場から坑内外専用の非常電話がかかってきた。救助隊が事故現場で救命作業をしているため、負傷者を人車場まで担架で運ぶ人員が足りず、十数人を選抜して送り込んでくれという内容だった。

すでに支配人や技師長、炭鉱の党幹部らが作業服を着てキャップランプをつけ、検身室の係員から説明を受けていた。時は今だと思い、早速支配人の前に立ち、軍隊式の挙手敬礼をした。

「私たちの友達の金貴信君が心配でたまりません。どうか救助活動に参加させてください。お願いします」

私たちは再び挙手敬礼をした。炭鉱の支配人は「そうか、わかった。お前たち三人が親しい三羽鳥だという噂は聞いている。同じ採炭工で坑内の事情もよく知っているだろう」と入坑を許可してくれた。

支配人は「早く準備してこい。時間は十分だ」と告げた。私たちは更衣室に走って向かい、作業服と作業靴を身につけた。そして充電室に入ってアルカリバッテリーを新しいものと替えてもらい、キャップランプに連結した。ベルトを通して腰に装着し、準備万端で集合場所に戻った。

「おっ、八分で戻ってきたな」と驚く支配人のほかに、補充された採炭工や掘進工が、すでに人車に乗って待機していた。

私たちは現場に向かって一気に坑道を走り下った。坑内にある乗り継ぎの人車まで十分ほどかかり、そこからまた十分下りていった。不安と焦りから、普段よりも時間がかかっているように思えた。二つめの人車を降りると、そこからは三十分ほど坑道を歩いて下っていく。ところどころ泥水がたまり、足をとられて滑ったり転んだりする者もいたが、みな終始無言で現場に急いだ。

私の頭の中ではたった一つの思いが巡っていた。「貴信たちは生きているのか。大怪我はしていてもいい。命だけは落とさないでいてくれ」と、祈るばかりだった。

ほどなくして、事故現場から一五〇メートルほどの場所にある坑内空気圧縮機場の方から、いくつかキャップランプの明かりが見えてきた。急いで駆けつけると、救助隊四人が担架の前後左右を持ち、けが人を運んできたところだった。

貴信、生きていてくれ！

こちら側の最前列にいた支配人や幹部たちは、救助隊を止めて状況を聞いた。そして担架の上で仰向けになっている坑夫の顔をキャップランプで照らした。支配人と同行していた若い女性が「朴相哲さんです」と震えながら小さな声で言った。

その女性は事故現場で働いていた作業員の中で、唯一無傷だった。話によると、ダイナマイトで発破が終わり、圧縮機から出た空気でガスを押し出した後、小隊の採炭工七人が奥側から一列になって石炭をスコップでリレーしはじめたという。そのとき一番奥で作業していた小隊長のスコップの柄が折れた。

小隊長は六年前に軍を除隊となり、二年前に炭鉱の小隊長に任命されたばかりの男性で、結婚して四カ月だった。その小隊長が女性に替えのスコップを持ってくるように命じた。女性が新しいスコップを持って戻ろうとしたとき、落盤事故が起きたという。貴信は副小隊長だったので、奥から二番目にいたはずだった。

一番手前にいた担架上の坑夫は、息をしていなかった。落盤の衝撃で吹き飛んだのか、頭にヘルメットはなかった。顔は石炭の粉で真っ黒になっていたが、汗と血が流れたところだけは筋状に炭塵が取れていた。目、耳、鼻、口と、穴という穴から血が流れていた。鼻の中には血が溜まっていたが、救助隊の使命感から出たせめてもの善意だろうか、呼吸器だけはかけられていた。

支配人は事情だけ聞くと、すぐにけが人を病院に搬送するよう命じた。とにかく七人のうち一人を除く六人が事故に巻き込まれたことはわかった。

事故現場は想像以上に無残だった。落ちてきた岩盤はほとんどが洗濯機くらいの大きさで、それが坑道を埋め尽くしていた。天井には高さ五メートルほどの空洞ができ、側面の一部も支えの杭と一緒に崩れていた。口には出せなかったが、私はすべての状況を判断して絶望した。ガス臭だけでなく、血の臭いも混ざって鼻を刺激していた。先ほど搬出された坑夫が一番外にいたというから、貴信はもっと先に埋まっているはずだった。

坑夫の救出作業は六人ずつ三十分交代で行われた。太ももほどの太さがある坑木や鉄パイプをてこにして、大きな岩盤を側面にどかしたり、外側に転がしたりして奥に進んでいった。落盤した坑道は、約十二メートルの長さだった。ある人はテコで岩を押しのけ、別の人はそれを片付け、みな必死になって救助に全力を尽くしていた。私たち二人も含め、全員が普段ならびくともしないような大きさの岩を一息で掘り起こすなど、日常の何十倍もの超人的な力と精神力を発揮していた。今考えてみると、どうしてあのような力が出たのか不思議に思えるほどだった。

救助作業を始めて二十分ほどで、一人の坑夫の頭が見えた。二人目の犠牲者であった。四人が三〇〇キロはあろうかという岩を持ち上げ、私と親友の承哲が肩を片方ずつ持って引きずり出した。崔光浩という男だった。崔は私が炭鉱のサッカー部に所属していたとき、右サイドを担当していた選手だった。事故当時は二十二歳だったはずだ。崔の顔は全体が血に染まり、口の中には血が溜まっていた。それでも崔はかすかに息をしていたようで、救助隊員が速やかに駆け寄って人車場に向かっていった。

作業を続けるうちに、また一人の作業員が見つかり、外に運び出された。残るは三人だった。奥から元除隊軍人の小隊長、親友の貴信、十八歳で炭鉱に入って四カ月の孫承民の順で岩の下に閉じ込められているはずだった。孫君は貴信がいつもかわいがっていた少年だった。貴信のことを「ヒョンニム」(兄さん)と呼んでいた。貴信の方も自分の一番弟子のように思っていたらしく、「あいつが一人前の採炭工になったら自分は外に出るつもりだ」と話していた。

貴信の兄、敏光さんには花盛りの娘がいた。孫君は彼女が気に入っていたらしく、安村家に出入りもしていた。私たちから見ても明るく陽気な好青年だった。貴信はそれにも気づいていたらしく、「お前が一人前の採炭工になったら、姪をお前の嫁にしてやるように努力するよ」

と約束したと私に話していた。本気で言ったのかどうかは別として、その二人が隣り合わせで作業中に落盤事故に巻き込まれたのは事実だった。

一時間後、二人は一緒に発見された。二人は岩の下で重なっていた。頭は出口の方を向いており、キャップランプは灯ったままだった。それを見て上になっているのが貴信だと一目でわかった。彼のキャップランプはレンズと内側の反射鏡の外側に赤いビニールテープが巻きつけてあり、ランプを照らすと明かりの中央は白、外側は赤になるように飾られていたからだ。

私たちはてこを捨て、四人がかりで肩を押し当てながら岩をどけた。そして頭、胸、腰、脚を抱きかかえるようにして丁寧に掘り出した。私が坑夫や救助隊員に「絶対に無理に引きずり出したり乱暴に扱わないでくれ」とお願いしたからだ。

貴信は孫君をかばうように倒れていた。目は開いたままで、なぜか青く光っているように見えた。二人とも息はすでに絶えていたようだった。

頭部にはそれほど目立った外傷はないように見えた。しかし、数一〇〇キロの岩盤に押しつぶされたためだろうか、貴信の方は胸と腰の骨が折れ、厚さが十五センチほどにつぶれてしまっていた。担架に乗せるときは骨の無いタコのように、死体はぐにゃりとしていた。

下にいた孫君も貴信と似たような状態だったが、こちらはまだ息が残っているようだった。彼は貴信と一緒に病院に搬送されたが、一時間後に息を引き取ったという。

最後に救出された小隊長は、顔や全身が血まみれで、その場で即死していた。

結局、事故が起きた一一二号現場で働いていた作業員七人のうち、助かった者はたまたま現場を離れていた女性一人だけだった。ほかの六人は若い命を最悪の形で失った。貴信は二十六歳だった。

涙の再会

落盤事故で亡くなった鉱夫六人の遺体は、炭鉱病院の入院室の寝台に一時安置されることになった。医師や看護師が遺体の服を脱がせ、アルコールを含むガーゼで汚れを拭きとっていた。炭塵や汗、そして岩石でできた傷口から流れ出たどす黒い血は拭き取られたが、無残なまでに大きく開いた傷口からは、いまだに血が流れ続けていた。

親友を事故で失うなど思いもしなかったので、その光景を見ている私は涙さえ出なかった。そのときふと、貴信の右手の親指から中指までがなくなっていることに気づいた。おそらく事故の衝撃で取れてしまったのだろう。別の鉱夫は肛門から血を流していた。胸部や腰部が岩で圧迫され、内出血を起こしていたのだと思う。看護師は貴信の指がちぎれた場所に軟膏を塗り、包帯でしっかり縛っていたが、それでも外に血はにじみ出てきていた。私は何と哀れな姿であろうかと、心の中で泣く以外になかった。

炭鉱では常に松の木で作られた棺桶が用意してあった。それらが人数分病室に運び込まれ、遺体は白いシーツのようなものに巻かれて棺桶に収められた。

ここまでの処理は、被害者家族が来る前に迅速に終わらせるというのが慣例になっていた。傷だらけの死体と対面させて、家族により深い悲しみを味わわせるのを避けるためであった。遺体はちょうど顔だけが出ている状態にされるのだ。

納棺作業をしているうちに、貴信をはじめとする犠牲者の家族や親類が病室に入ってきた。病室のあちこちで、または廊下からも泣き叫ぶ声が聞こえた。息子や夫の棺にすがりついて名前を呼びながら号泣する女性の姿もあった。

病室は瞬く間に修羅場になった。母のトキさんは「貴信！　貴信！」と息子の名前を呼び続け、しまいには気を失って応急室に運ばれていった。その後も失神する者が続出し、次々と応急室に運ばれた。泣き叫ぶ者、失神して倒れる者、阿鼻叫喚の生き地獄とはこうであろうかと、目の前で起きる事態に私は唖然とするばかりであった。

当時八十歳を目前にしていた貴信の父、福雄さんは、杖をつきながら病室に駆け込んできた。福雄さんは息子の顔を両手で撫でながら「貴信。お前はどぎゃんしてこぎゃんなったとかい」と体を震わせながら泣いていた。やせ衰えた高齢の父の目からは、涙が絶え間なく流れていた。両親を連れてきた二人の兄は、両親がいたためか、悔しくても悲しくても一生懸命に涙をこらえている様子だった。四男の貴弘は別の現場で作業をしていたため、姿は見えなかった。

朝鮮の風習で、葬儀は三日間に亘って行われた。初日は棺に納められた遺体が家に運び込まれ、近所の方や炭鉱の労働者仲間が弔問に訪れた。二日目も同様で、一日中弔問客を受け付ける。弔問客は香典を渡し、遺体の前で三回お辞儀をして弔意を示す。

葬儀初日、炭鉱の党委員会や行政側は死亡した六人の家に行く人物を分担して配置した。彼らは配置された翌日から炭鉱の裏山にある共同墓地に登り、六人分の墓穴を掘りはじめた。土葬するためである。

配置された若者は約二十五人。一つの穴を四人で掘ることになっており、二人一組で交代しながら長さ二メートル・幅六十センチ・深さ一・二メートルの穴をスコップやツルハシを使って掘った。私と李承哲も志願してそのうちの一人になった。

しばらくすると、各小隊の若い女性たちが、丸いビニール製のたらいのようなものに酒や肴、軽食類を入れ、それを頭に載せながら山を登ってくるのが見えた。朝鮮では男たちが墓穴を掘っているときに女たちが酒やチヂミ、キムチ、ナムルといった副食材を配るしきたりがあるらしいが、実際に目にしたのはそのときが初めてだった。

女性の中には貴信の交際相手だった張承姫もいた。彼女は私たちが掘っていた貴信の墓穴の前に来て、飲食物をきれいに並べてくれた。私は彼女に向かって「張同務（張さん）、ご苦労ですね。ありがとう」と一声かけた。すると彼女は無言で頭を下げるだけだった。そして貴信の墓穴をしばらく見つめながら小さな声でつぶやいた。

「明日からここが貴信同務の安息所になるのですね」

彼女はさらに中腰になって墓穴を見つめた。そしてまた一言「頭が東を向いていますね。本当によかった」とつぶやいた。私は「ええ、私もそう思います」とだけ答えた。彼女の顔は悲しんでいるようにも見えず、むしろ平穏で普段どおりの表情だった。

しかし私は、彼女の心中を十分に察知していた。大勢の人がいる前で自分の感情を表に出さず、必死に耐えていることを…。貴信の頭が向いている東には生まれ育った日本があった。そこに彼女が気づいてくれたことが本当にありがたかった。そのことは彼女と私、そして承哲の三人にしか理解できないことだったと思う。私は思った。普段は感情がないように見える地元の女性でありながら、何と心の深い女性なのだろうかと。私は心が熱くなると同時に、このような女性を残して死んでしまった貴信を憎らしく思った。

葬儀三日間の正午、貴信の遺体を入れた棺は、国産トラック「勝利58」の荷台の中央に置かれ、その周りを兄弟や親族が囲む形で炭坑の裏山にある鉱夫専用の共同墓地に向かった。両親は家の前で見送るだけで、墓地までは来なかった。独身の息子が親より先に死んだ場合の風習だった。季節は秋。墓地の周辺にはコスモスが咲き乱れていた。

六人の犠牲者を埋葬したため、式は二時間ほどかかった。それが終わると墓前にしつらえてある祭壇に供えられた酒や食べ物を、参列者が円型に座って食べる。食べ終われば三々五々帰路に着くという形だった。

　炭鉱の主要幹部や故人と特別親しい関係にあった人たちは、故人の家に戻り、遺族に一言見舞いの声をかけて帰っていった。同じ小隊の鉱夫や三昼夜に渡って葬式の手伝いをしてくれた人には、そこでもまた食事が提供されるのであった。家には幹部三、四人と小隊の仲間たちが揃っていた。しかし、張承姫の姿は見えなかった。同じ小隊の女性たちに聞いても、どこにいったか誰も知らなかった。

　すると貴信の兄の敏光さんと、弟の貴弘が黙って外に出て行った。私と李承哲もあわてて二人を追いかけた。私たち四人は、何も言わなくてもどこに行くべきかわかっていた。裏山の墓地だった。

雨に濡れたチマチョゴリ

　墓地での葬儀が終わって山を下りてくるころから雨が降り始めていたが、私たちが再びのぼっていく頃には本降りになっていた。細い山道を登っているうちに何度も転びかけたりしながら、四人はいつしかドブネズミのようになっていた。

　墓地の正面近くにたどり着いたとき、やはりそこに承姫はいた。祭壇の前に座り込んで、両手で祭壇を抱え込むように号泣していた。いや、それは号泣というより、喚き叫んでいるというに近かった。数日間人の前で自分の感情を押し殺していたが、誰もいない恋人の墓の前で、溜まっていた感情が噴出したのだと思う。

彼女の黒いチマチョゴリはびしょぬれになっていた。私は彼女に山を下りようと声をかけるため、一歩近づいた。それを止めたのは敏光さんだった。

「行くな！　思いっきり泣いて、泣き止むまで待つほうがよか」

私たちは呆然としながら彼女を待つしかなかった。わずか十メートルほどの目の前で彼女は「あー、貴信同務（貴信さん）、どうして私一人残して先に逝ってしまったの！　私これからどうすればいいの?」、「あー、私の運命はどうしてこんなに悲しいことばかりなの?」と泣き叫びながら、祭壇を手で叩き、顔を空に向けて泣き叫んでいた。本音と感情の爆発だったと思う。

私たち男四人も泣かずにはいられなかった。それでもしばらくして彼女が少し落ち着いたところで敏光さんと貴弘が承姫の両腕を抱え、立つように促した。彼女は立ち上がったものの、敏光さんの胸に顔をうずめて泣き続けていた。敏光さんも涙をこらえきれずに泣いていた。

帰り際に敏光さんは何度も家に寄っていくよう強く勧めたが、彼女はきっぱりと拒み続けた。

「みなさんのお気持ちはよくわかりますし、本当にありがたく思っていますが、今日はこのような顔で人前には出られません。後でお父さんとお母さんにごあいさつしに伺いますので」

そういって彼女は帰ってしまった。その言葉は十分に理解できた。チマチョゴリはびっしょりぬれ、顔全体は何かで叩かれたように腫れ上がっていたからである。

貴信を突然亡くした両親と兄弟の悲しみは、安村家に大きな精神的損失と心の傷を与えた。長男の敏光さんは「朝鮮まできて愛する弟を亡くしたなんて本当に残念で、悔しくてならない。なんのために朝鮮までできたのか分らん」と拳で何度も壁を叩いて嘆いていた。貴信の親友であり、かけがえのない仲間だった私と李承哲は、生きているのが申し訳なくさえ思えるのだった。

葬儀を終えて二週間もたった頃、張承姫が貴信の両親を訪ねてきた。彼女は「この度は本当に耐え切れないほどの悲しいことがおきてしまいました。安同務（貴信さん）のためにお父さんお母さんまで体を壊すようなことのないようにお願いいたします」と哀悼の意を告げた。

「かえってあなたが気の毒でたまりません。あなたを残して逝ってしまった息子が悪いのです。私には娘がなく、あなたが家に来てくれると、それだけで我が家に梅の花が咲いたようでした。あなたが来てくれるだけで、本当にうれしかった。これからもこの家を忘れることなく遊びに来てください」と母のトキさんは承姫の手を握って涙ぐんだ。

承姫は帰り際に三六〇〇ウォンを差し出して言った。

「このお金は私が坑内で働きながら貯めたお金です。将来、二人が一緒になる時に役立てようと思っていたのですが、このお金をお父さん、お母さんのためにお使いください。働き手を失い、生活に困ることになります。どうぞ、受け取ってください」

トキさんは何度もそのお金を押し戻した。しかし、承姫は譲らなかった。お金の包みは何度も何度も二人の間を行ったりきたりしながら、とうとうトキさんのところで止まってしまった。トキさんは両手を顔にあてて泣いていた。

朝鮮では縁談が決まると、女性が生活に必要なものを準備して嫁入りすることになっている。だから、未婚の女性は働いて、月給のほとんどを将来の結婚に備えて貯金をする。承姫の場合もそうだったに違いない。当時、炭鉱の採炭工や掘進工などの重労働に従事して一カ月にもらえる給料は、ノルマを達成すると三〇〇ウォンほどで、未達成の場合は八〇ウォン位だった。ちなみに帰国者達が日本から持ってきた新品の自転車は五〇〇ウォン、セイコーの腕時計は七〇〇ウォン位だった。承姫の差し出した三六〇〇ウォンというお金は、六年間採炭工として坑内で働きながらコツコツと貯めた、大金であった。

貴弘も…

貴信が亡くなって三年後の一九七四年秋、四男の貴弘が結婚式を挙げた。相手は寺本仁美という女性だった。福岡から在日朝鮮人の父と日本人の母、そして二人のきょうだいとともに北朝鮮に来た人だった。私は北朝鮮に行ってから安村家と知り合いになったが、寺本さんは福岡や佐賀の炭鉱町にいた時から、安村家と知り合いの仲だった。そのため縁談も順調に進み、貴弘二十六歳、仁美さん二十五歳のときに結婚式を挙げた。

　その頃にはすでに、父の福雄さんは亡くなっていて、上の兄二人は結婚して家を出ていたため、安村家は貴弘夫婦と母の三人になった。姑になったトキさんは、貴弘が貴信のように事故死しては大変だと、採炭工を辞めて坑外に出てほかの仕事をするように勧めた。親孝行者であった貴弘は、炭鉱の「労働課」に配置転換を願い出た。労働課長は「炭鉱の党委員会と相談してみないとわからない。しばらく待ってほしい」と答えた。

　その三日後、貴弘は炭鉱党委員会の組織部長室に呼び出された。

「君の兄・安貴信君は炭鉱の石炭増産の先頭に立って奮闘していたが、殉死された。これは君の家族だけでなく我が炭鉱にとっても大きな損失である。遺憾ではあるが兄の偉勲をこのたび弟である君が受け継いでくれるものと信じている。職場の移転は絶対に許可できない」

　組織部長は貴弘の移転を拒んだ後、突然「君を栄えある朝鮮労働党に入党させることで党委員会の合意があった」と伝えた。それにともない、貴弘は第三中隊第二小隊長から第三中隊長に格上げされた。それも党委員会の決定だった。私が知る北の常識から見て、絶対にそれ以上自分の意見など言えない状況に置かれてしまったのだ。

　貴弘もおそらくそれ以上のことは言えなかったに違いない。さらに、帰国者が中隊長になった例はそれまで見たことがなかった。それほど安村兄弟は誠実でまじめで、炭鉱での信頼は厚く、期待も大きかった。

貴弘は実際、中隊長に任命されてからも採炭場の最前線で一心不乱に働き、毎月生産ノルマを超過する実績を挙げていた。大衆の前で表彰されることもあり、当時住んでいた市の代議員（市議会議員に相当）に推薦され、代議員職を務めた。

こうして貴弘は採炭工を辞めるどころか思わぬ栄転を経験し、四人の子ども（二男二女）にも恵まれた。子どもたちはみな、祖母と話すときは簡単な日本語を使っていた。生まれたときからトキさんが教えていたからで、九州なまりの日本語であったと覚えている。

しかし、つつましい生活を送っていた安村家にある日、青天の霹靂のような通知が届いた。貴弘がいた坑内の落盤事故で四人が即死、三人が重傷という知らせだった。中隊長だった貴弘と小隊長、さらに隊員二人が即死だった。

それから二十年後、貴弘の息子二人が庭でキャッチボールをしていた。グローブは貴信と貴弘の遺品であった。私は貴弘の息子たちに「今までそのグローブを保管して持っていたのか？」と聞いた。すると「お母さんがお父さんの若い頃、おじさん（貴信）と一緒に愛用していた物だといって大切に保管していたそうです」と答えた。

私は感情を抑えきれず「そうか、そうか本当に有難う有難う！」と何回もくり返した。貴信、貴弘をはじめ、私たち在日帰国者の青年たちが心を一つにして楽しんでいた野球。それを次の世代の若者が受け継いでいてくれているようでありがたく、そして懐かしかった。

貴弘の家に行ってみると、野球道具が残されていた。どれも古いが、手入れが行き届いていた。私は仁美さんにこれ以外に何か遺品があったら拝見させてくれないかと言ってみた。

仁美さんが出してくれたのは、古い歌の本だった。それは私も見覚えがある歌本だった。表紙には「思い出の歌　懐かしい歌」と大きな文字で書いてあった。

日本製の大学ノート三冊を釣糸でしっかりと縛り付けた、貴信の遺品であった。自分が通っていた学校の校歌と、聞いて覚えていた演歌七曲が直筆されており、長男の敏光さんが書いた歌が四十二曲、その妻の恵子さんが書いた歌が十三曲載せてあった。その歌本こそ、懐かしい日本の歌で心を癒し、日常の哀楽を乗り越えていた安村家の生活の集大成であったと思う。

私は現在、日本に来て時々友達とカラオケに行くが、最初に歌うのは、当時貴信や貴弘が愛唱していた歌だ。そして自分一人が日本に来ておいしい物を食べたり歌を歌ったりしているのが、心の内ではいつも気にかかっている。

いつかは近い将来、安村家の子どもや孫でいいから日本に来られるようになることを心から祈っている。無念にも亡くなった安村家の人たちを悼む心に変わりはなく、彼らのことを一生忘れることなく生きていくつもりである。

張承姫一家の苦難

貴信の交際相手だった張承姫の父、張明煥は植民地時代に海州音楽専門学校からモスクワ音楽大学に留学し、バイオリンを学んだという。大学卒業後はサンクト・ペテルブルクで音楽活動をし、名声を得たバイオリニストだった。病気のため、一時帰国してソウルのレコード会社の音楽編集部で働いていた当時、梨花女子高等学校でピアノを学んでいた李明花と知り合って結婚。息子、娘の二人の子どもをもうけた。息子は承哲、娘は承姫と名付けた。

朝鮮戦争勃発と同時に、人民軍によって大勢のインテリや芸術家達が北に連行され、承姫の家庭は平壌で暮らすようになった。父は平壌音楽舞踊大学の教師に、母は同大学でピアノを教えた。承姫は平壌音楽舞踊大学の声楽科で学び、兄の承哲は平壌美術大学で彫刻を学んでいた。

ある日、承哲は金日成を偶像化するために製作された彫刻に対して「生きている人間を英雄視して偶像化するのはおかしく感じる」ともらした。承哲は、その一言のために政治犯収容所に送られた。その後家族と音信不通になり、一家は炭鉱に追放された。

炭鉱に送られてから六カ月後、承姫の母は脳溢血で倒れ、亡くなった。承姫は父と二人暮らしになってしまった。反動分子の家族として炭鉱の採炭工に配置された承姫は、炭鉱内の機動芸術煽伝隊への入隊さえ拒否された。一家は、兄の罪ともいえない罪のために、奈落の底に突き落とされてしまったのだ。

そんな承姫にも、いつしか恋が芽生えていた。貴信という帰国者の青年と出会い、喜びと希望にもえて未来を約束していたはずなのに、突然の事故は承姫からすべてを奪った。

私の住んでいた地域は、追放されてきた家族が炭鉱町の人口の半分以上を占めていた。朝鮮戦争中に捕虜となった韓国国軍兵士や、韓国で文学や芸術の仕事に携わり、戦争中連行されてきて都市部で暮らしていた家族が「動揺分子」「監視対象」家族として最北端の炭鉱や鉱山地域に強制追放されてきたケースもあった。

そのため、私は普通なら知り合うことさえなかったであろう、いろいろな階層の人々から学ぶことができた。当時二十代だった私は、知り合った学識豊かな人たちから教えをうけて、世界や人生に目覚めるようになった。さまざまな書物を借りて読み、正しい朝鮮の歴史を知り、世界の歴史を知った。楽譜の読み方も彼らから学んだ。炭鉱の仕事に従事していた人々が、無知蒙昧で時代に取り残されていた人々というわけではなかった。

張承姫は、貴信の死後も貴信の両親に細かな心遣いを見せた。

例えば、十月のキムチを漬ける季節のことである。北朝鮮では十月の中旬になると白菜キムチを漬ける。この季節は「キムチ戦闘」、「白菜戦闘」と呼ばれる。人々は、与えられた分量を小型のリヤカーに載せて、数キロメートル離れた山の畑から家族総動員で自分達の家まで運搬する。運搬は夜中までかかることもある。

量は一人あたり一二〇キロ。五人家族なら六〇〇キロだ。夜道を懐中電灯などで照らし、五回から六回に分けて山道を往復しなければならない。まさしく「戦闘」である。年老いた貴信の両親にとって不可能とも思える「戦闘」を助けてくれたのは、張承姫と、貴信の小隊に所属していた人たちだった。特に張承姫は、近所の人たちと一緒に夜遅くまで手伝ったという。

彼女は正月にも両親を訪ね、美味しい正月料理を振舞った。その上、両親の前で貴信が得意だった「高校三年生」を歌った。母のトキさんも一緒に歌った。トキさんの目からは、自然と涙があふれていた。

だが、私たちをもっと感動させたのは、彼女が家に入ってきた途端、きれいな日本語で「お母さん、明けましておめでとうございます」と言ったことだった。正座をし、両手を前につき、正月の挨拶をした。そして、トキさんの両手を握って何もいわず、じっと見つめながら、唇をかみしめ、泣いていた。手を握った人も、握られた人も無言で見つめあいながら泣くばかりであった。しばらくして、思いを振り切るように明るい声で話しだし、みなと一緒に酒も飲み、歌いだしたのである。

そうする間に、安村家の人たちが全員両親の家に集まり始めた。飲んだり、歌ったり、昔話に花を咲かせたり、温かいムードが漂っていた。私は張承姫に「あなたはいつの間にそんな歌まで習い覚えたのですか、ビックリしました」と話しかけた。

すると承姫は「私が安同務（貴信のこと）と知り合い、愛情が深くなっていったのは、梁同務（私のこと）のおかげだったのです。私こそ感謝しています」と答えた。

「それはどういうことですか？　よくわかりません」

「もう、過去のことですから、正直に申しあげます。四年前のある日、坑内の採炭場で昼ごはんを食べようと弁当の袋を開けたとたん、中から封筒が一通出てきました。裏面に『安貴信』と書いてありました。急いで手紙を弁当カバンにしまい、食後、ほかの人たちから離れて手紙を読みました。熱烈なラブレターでビックリしました。そして、その文章が本人とは似つかぬほど洗練された立派なものだったので、これは誰かに代筆を頼んだのだと感じました」

彼女は貴信と親しい友人でこんな文章を書けるのは私だろうと見当をつけたということだった。貴信は当時、朝鮮語があまり上手ではなかった。確かに私の代筆だったが、彼女は不愉快ではなかったという。プライドもあっただろうに、相当悩みながら考えた末に代筆まで頼んだ貴信の純粋な気持ちをありがたく思ったのだという。こうして彼らは友達として交際を始め、いつしか恋人同士になったのである。

貴信の死から三年後、思ってもいなかったことが起きた。坑内で重労働している女性は全て、坑外の仕事に従事せよという命令だった。中央から全国に下達された命令だったため、承姫もしばらく坑外の選炭場で働いていたが、収入が不足したのか、炭鉱に辞表を提出した。そして、ある農村への志願進出者に名乗りを上げ、父とともにいずことも知れない山間の僻地に移住してしまった。

それから約二十年後、私はある小さな集落の井戸端で、張承姫に再会した。外貨稼ぎのための松茸採りで行った農村で、思いもよらぬ再会であった。

二十年も見ないうちに、彼女の面影はすっかり失われていた。顔は真っ黒に日焼けして、深いシワが刻まれ、年老いた主婦にしか見えなかった。彼女も私を見て驚いていた。

「若い頃はあんなに美男子だった梁同務がどうしてそんなに老けてしまったの?」と彼女。

「あなたこそ、どうしてそんなおばあさんになってしまったの?」と、二人で大笑いをしてしまった。

炭鉱町を出た後の承姫の話を聞いた。彼女の父は農村にきてからわずか二年で、病気のために亡くなってしまい、彼女は一人になってしまった。山奥のあばら家で、若い女性が一人暮らしをしているので、頻繁に男たちがやってきた。恐ろしくて昼も夜も不安でたまらなかったという。たまたま隣村に住んでいた中年の男が純朴そうに見えたので、出会って一カ月後に結婚。二十三歳年上の男だったという。農村に来て十一年目のことだった。

それから二人の男の子が生まれ、当時小学校二年生と一年生だった。夫は肝臓炎でその一年前に亡くなり、子どもと三人で暮らしているとのことだった。貴信と交際している時に子どもを生んでいたら、その子とともに一生を過ごすことができたのにと彼女は言った。私は「今さら後悔しても仕方のないことだ」としかいえなかった。

帰国者差別

在日帰国者が北朝鮮に渡り、最初に受ける差別は「在胞」「帰胞」と呼ばれることである。帰国事業が行われていた当時、朝鮮総連は「在日同胞は日本全国どこへ行っても『朝鮮人』『半島人』と馬鹿にされ、民族的差別を受けて暮らしてきた。日々発展する社会主義の我が祖国では、何の差別もなく在日同胞を温かく歓迎している」と北朝鮮を紹介・宣伝していた。しかし多くの帰国者たちは、北朝鮮でまたもや差別を受けて暮らさなくてはならなかった。

帰国者たちは北朝鮮社会になかなか適応することができなかった。私は、それが差別の対象になった一因だと思う。朝鮮語は下手だったし、服装、髪型、仕草もふくめた言動すべてが朝鮮人らしくないため「日本人の匂いがする」とか「資本主義生活様式がいまだに捨てきれずブルジョア思想を持った怪しい人物」という認識を持たれていた。

北朝鮮では学校だけでなく、社会に出てからも「日本＝帝国主義の侵略者」と教えられ、朝鮮民族を虐殺・抑圧し、酷使・搾取した敵国だと刷り込まれていた。仕事をそっちのけにしてまでも思想教育が徹底されていたのは、資本主義社会に憧れを抱いたりすると、金日成の教示や金正日の指示が嘘だと気づいてしまうからである。

帰国して一年がすぎ、現地の人々とだんだん親しくなった頃だった。ある友人がこういった。

「君たちが来る前に学校で先生から『何日か後に日本から在日同胞がこの町に配置される。日本では食べ物もろくに食べられず痩せている人達がくる。日本で差別と蔑視そして虐待と飢餓で苦労していた人たちだ。服装が少々見苦しくても絶対に笑ったり指をさしたり不快な印象を与えず、温かく抱擁し歓迎してあげて下さい』と言われた。学校や人民班では募金運動をして、店で男女大小別に服を買って準備し、駅から街頭にいたるまで町全体が列を作って歓迎の準備をした。実際汽車から帰国者たちが次々と降りるのを見てビックリした」

私はその帰国者家族を見てどう思ったのかと聞いてみた。

「準備して持っていった服をさっさと隠して学校や郡と『帰国同胞迎接委員会』に運んでいった。君たちみんながピカピカしていた。先生の話とは正反対だった」

私たち帰国者の多くは、日本では最下層の生活をしていた家族だったのに、現地の人々には裕福で大金持ちに見えていたのだ。特に現地の若い世代からの差別は、在日帰国者が身につけていた新式の洋服姿や高価に見える腕時計などを見て嫉妬していたようだった。

彼らの欲望はついに限度を超え、帰国者を襲うようになっていった。清津や咸興などでは、薄暗い道で呼び止められた帰国者が刃物で脅されて自転車を強奪されたことがあった。私がいた町でも、夜中に覆面をした男二人が家に侵入してきて、一人が包丁を家族の前に突き出して脅し、もう一人が腕時計や日本製の衣類を家にあったトランクに詰め込んで逃げるという事件が起きた。逃走に使われたのは、その家にあった自転車だった。
我が家も空き巣に入られ、日本製のテープレコーダーが盗まれた。夕方すぐに分駐所に通告したが、窃盗犯は逮捕できなかった。その五カ月後、二十代の窃盗常習犯が警察に逮捕され、炭鉱の文化会館で人民公開裁判が行われた。大人は誰もが参加することになっていたので私もその席にいた。

窃盗犯が約二年間にわたって盗んだ品物を検事が読み上げた。その中で「ある帰国者のテープレコーダーまで盗んでいた…」との話が出たとき、私はわが耳を疑った。確かにその若者をよく見ると、私の知人が私の家に連れてきた見覚えのある男だった。

私は翌日、分駐所へ行き「レコーダーを返してください」と言った。担当の安全員は「まだこちらに届いていない。犯人が売り飛ばしたので、見つかったらすぐに連絡するから」と言われた。一カ月経っても、一年経っても連絡はなかった。

それからしばらく経ったある日、中学一年生だった私の娘が同じクラスの友達の家で宿題をすることになった。北朝鮮では小中学生までは、その日の宿題を五人のグループでやるように組織化されていた。

そこで娘は、自分の家にあったものとそっくりなテープレコーダーがあるのに気づいた。「これ私の家の録音機だ！」と大声で叫ぶと、その家の娘は「違うよ！　この録音機はお父さんが平壌の外貨店で買ってきた物だよ。変なこと言わないで！」と反論した。

レコーダーが置いてあったのは、分駐所の所長の家であった。帰宅した娘は「間違いありません。あそこの家にあった録音機は確かに我が家の物です。お父さんがマジックで消した『TOSHIBA』という文字が見えたので」と言った。

私はすぐ分駐所へ行き、勤務中の所長に事実を話した。すると「そうだ。私の家にある録音機は確かに君の品物だ。ラジオがついていたので、分駐所の討議の結果、無償没収することにした。私の家に置いてまだ一カ月と経っていない」と顔色一つ変えずに堂々と返してきた。

私は声を荒らげた。

「そのラジオは事前に検閲を受け、他国の放送が聴けないように、チャンネルを回すところにハンダづけまでしてあります。それなのにどうして没収対象になるのですか？　法に違反していません。早く返してください！」

ハンダは溶かせるという理由で、所長は罰金を払って取り戻すか処分するかの二者択一を迫ってきた。

私は「処分する物がどうして所長の家で個人利用されているのか、違法ではないのか」と食い下がった。すると所長は「当分の間、保管しているだけである。欲しいなら罰金を払ってさっさと出ていけ」と机を叩いて怒鳴り始めた。これ以上問題を深刻にすればレコーダーの何百・何千倍の仕返しが来ると思った私は「罰金を払う金もないので勝手に処分してください」といって出てきた。

家に帰ると娘は「レコーダーが所長の家に置いて一カ月も経っていないというのは真っ赤な嘘です。正淑（所長の娘）は何カ月も前に父親が買ってきて、嬉しくて毎日録音機を聴いていたと言っていました。お父さんはどうして自分のだとわかっているのに取り戻すことができないの？　本当に弱気で意気地なしね。明日、学校に行ったら私が正淑に録音機を返してと言ってあげる！」と私をなじった。

私と妻はこれ以上問題を追及すると良くないとわかっていたから子どもたちをなだめた。彼らはまだ何もわかっていなかった。

無理を通せば道理が引っ込むという言葉があるように、真実は権力の前ではロウソクの火のように瞬時に消されてしまうのが北朝鮮だった。その点で、在日帰国者は哀れで無力な存在であった。

帰国者狩りと日本人妻の苦難

「帰国者狩り」は、一九六〇年代後半から一九七〇年代初期に始まったと記憶している。金正日が党中央の要職に就き、党の唯一思想体系と指導体系の樹立を唱えはじめた時期だ。総連幹部だった帰国者も、スパイや異端者、国家反逆者という濡れ衣を着せられ、党や行政の要職から外された。

北朝鮮の津々浦々から「帰国者の○○が密かに保衛部に連行されていった」、「○○の夫が急に行方不明になった」という話が頻繁に届いた。「夫がいなくなった」といっていた女性とその家族が、一カ月後にどこかに連れ去られたという話もあった。

当時私だけでなく、私の周りの帰国者も常に不安だった。「次は自分ではないか」と、不安と恐怖で心が休まる日は一日もなかった。

帰国者に対する理由なき逮捕・投獄・処刑について、さまざまな話を総合して、私はこのように考えている。

総連の元幹部には、日本では当時珍しかった大学に通っていた者や、技術者や科学者といったインテリ層、芸術家、資産家、共産党員などが多かった。実際、そういった者が逮捕者の大半を占めていた。金正日の「唯一思想体系」、「唯一指導体系」、つまりは金正日への絶対服従を貫徹するには、反逆の可能性がある者を排除することが最優先だった。

北朝鮮住民はすでに金日成の〝しつけ〟のおかげで、首領様や将軍様の命令に服従することに慣れていた。しかし、日本という自由で豊かな先進国から来た帰国者は、将軍様の目の上のたんこぶだったに違いない。だから帰国者の中でも、見識や分析能力に長けた元幹部らが排除の対象になった。

しかし私は、帰国者の公開処刑を一度も見たことがない。その理由は十分に推測がつく。公開処刑の目的は、執行を見せることで住民に恐怖を植え付けることである。帰国者を処刑すると、日本にいる親族や在日朝鮮人の間に、北朝鮮への恐怖と不信感が広がる。得るものより失うものの方が大きいのだ。

連行された帰国者の中には、連日の執拗な取り調べと過酷で残忍な拷問に耐えかね、犯してもいない反国家行為やスパイ行為を〝自白〟させられた人もいる。そういうケースが多くあったと聞いている。私が脱北する数年前、国家機関に勤めていた要員が私たちの炭鉱に追放されてきた。帰国者のことはその男から聞いた話である。

ある行方不明者家族は、戦後韓国から日本に密入国し、一時長崎の大村収容所に収監されていた。その後本人の希望で北朝鮮に帰国した。若い世代の人の中には、帰国者や現地の人と結婚して家庭をもっていた人がいた。彼らが「スパイになって北朝鮮に来ていたので、保衛部に連れていかれた」というのが人民班長から聞いた話である。

一九八〇年代の半ばごろから帰国者家族の日常生活は、年が経つにつれて日々耐えがたいものになっていた。経済不振で直接打撃を受けるのは、権力と地位のない一般住民であった。その中でも帰国者家族は、言葉で表現できないほど惨めな状況に陥っていた。

帰国者家族に対して従来からあった差別と監視、秘密裏の尾行は、そのころになると特に厳しくなった。不安と恐怖の中で、配給断絶による慢性的な食糧不足、強制貢納や奉仕活動といった苦労が重なり、帰国者は苦しむばかりであった。

八〇年代の末ごろから一部の在日帰国者は、地元の人から「ゴジポ」（乞食胞）と呼ばれるようになった。帰国事業開始から約三十年、日本からの物資の仕送りや送金は、九〇年近くになって減少していた。多くの帰国者家族の家庭は、以前とは違い、地元の人たちよりも過酷な生活状態に転落してしまった。これは全国的な現象だった。

その根本的な原因は、三十年間にわたって定期的に仕送りや送金をして助けてくれていた前の世代が年をとって亡くなったり、あるいは財産処分の決定権が次の若い世代に移り、高齢になった第一世代は息子たちに養われる立場になってしまったためであった。日本のバブル崩壊の影響も大きかった。三十年以上前から会っていない人に対し、例えそれが自分の伯父や叔母であったとしても、何の思い出や懐かしさも肉親的な愛情もない人に、なかなか支援してあげようという気持ちが湧いてこなかったのだろう。

地元の人でも「帰国してきたときは、みんな肌も白くつやもあって、ぴかぴかした立派な洋服を着た美男美女ばかりだったのに、今では家の中が空っぽになってしまって本当に可哀想だ」と同情してくれる人も少なくなかった。帰国者を見下したり、野次を飛ばしたり、あざけ笑う人は、その近所では比較的余裕のある生活をしていた人が多かったと思う。彼らのところに帰国者や日本人妻が訪ねて行き「食糧を少しの期間だけ貸してくれ」と哀願をしたことから見下されるようになってしまったのだ。

八〇年代の末から九〇年代の初め、帰国者たちは次々と病気や栄養失調で命を落としていった。これは私が暮らしていた地域での話であるが、おそらくほかの地方でも同様だったと思う。一般的には亡くなったらただの「病死」とされたが、厳格にいえば「栄養失調からきた衰弱死」である。身体が衰弱した上に、水質の悪い水道水や近くの川で汲んできた不衛生な水を飲んで伝染病にかかって亡くなった人もいた。

在日朝鮮人帰国者が以前と違って、段々と困窮状態に陥っていく中、その配偶者であった日本人妻の生活は、それ以上に困難を極めた。愛する夫や子どもを見捨てることもできず、親戚や縁者もおらず、自分の母国でもない北朝鮮へ渡っていった日本人妻の過酷な生活苦を想像してもらいたい。

朝鮮語という慣れない外国語を使いこなすだけでも計りきれない苦しみがあったろうと思う。言葉も風習も食べ物も全然違う異国に来て、頼りにしていた唯一の人物であった夫に先立たれた日本人妻は、特に悲惨であった。一人で子どもを育てていた日本人妻は私の周りに多数いたから、その家庭の暮らしぶりはよく知っている。

私がこう言うと、現地住民の人々から非難と罵倒を浴びせられるかもしれないが、率直に言いたいことがある。地元の人々の中には、生活がどん底に落ち込むと、詐欺や横領、他人の物を盗んだりして、一時的に自分のお腹を満たすことを平気でやってしまう人が少なくなかった。

これは男女同じであった。

しかし、日本からの帰国者はもちろん、特に日本人妻がそのような非行をしたり人を騙したりすることは一切なかった。あまりにも素直で馬鹿正直であった。

彼女たちはいくら食糧がなくて餓死しそうな限界点に達していても、苦情や北朝鮮の政策に対する不満を言って愚痴をこぼしたりしなかった。ただ一言だけ密かに「どうせ死ぬんだったら日本に帰って死にたい」、「日本が懐かしい」、「死ぬ前に一度でも甘い羊羹や、おいしいおでんでも食べたい」と小声で呟いていた。それほど故郷に帰りたいと哀願していた。

こうして日本人妻はほとんどが亡くなり、私が住んでいた町には二人しか残っていなかった。現在も彼女たちが無事に生き残っているかはよくわからない。私は日本に帰ってきているが、一番残念で可哀想に思うのは、自分の祖国に帰国することができず、凍土の下で眠っている日本人妻のことだ。

第四章　私の結婚と北朝鮮社会の実態

北朝鮮の芸術文化

私が日本にいた時、見ていた映画は主に東映や大映の時代劇であった。米国の西部劇も好きだった。十代の私は、市川右太衛門、片岡千恵蔵、二代目大川橋蔵、八代目市川雷蔵、勝新太郎、日活の石原裕次郎、小林旭のファンだった。古典や近代小説にも親しんだ。アルバイトで稼いだお金で日本国内外の文学作品を買って愛読もした。

帰国当初、北朝鮮では歌にしろ映画にしろ演劇にしろ、金日成を偶像化するための作品が約四〇％を占めていた。そのことに私は驚いた。次に私を驚かせたのは、社会主義社会が資本主義社会よりはるかに優れており、それもすべて「偉大なる首領・金日成同志の卓越なる領導のため」だという点が強調されることだった。政治宣伝用の芸術が鉄則だった。なお、六〇年代までは芸術作品の中に金正日の名は出てこなかった。

私が北朝鮮で初めて現地の芸術に触れたのは、帰国船から降りて二日目のことだった。帰国者全員が清津市にある道芸術劇場につれていかれ、咸鏡北道芸術団の公演を鑑賞した。合唱、歌謡、舞踊、詩などが演じられた。当時は朝鮮語が完全に理解できるわけではなかったので正確でないかもしれないが、歌は米国帝国主義者、日本の軍国主義者を打倒しようというような内容だと理解していた。歌劇（歌舞）は韓国の大学生が李承晩大統領を打倒するデモに決起・

集結して闘争する様子を描いたもので、学生が警察隊の弾圧と暴力のため血を流しながら李承晩打倒を絶叫する内容だった。一九六〇年の四・一九学生烽起をテーマにしていたように見えた。

次の日には映画館に行って初めて朝鮮の映画「漁浪川」を鑑賞した。朝鮮戦争勃発（一九五〇年六月）当時、連合軍が咸鏡北道にある漁浪川という漁村に艦砲射撃を加え、上陸しようとしてくるのを撃破する北朝鮮人民軍の勇敢な戦いぶりを描写した内容だった。

映画の主人公は攻めてくる敵に向かって「アメリカの侵略者たちに一寸たりとも祖国の領土を踏むことを許すな！」と叫んで部隊の先頭に立ち、突進して戦死する。確かに「アメリカの侵略者」と絶叫していた。ところが日本に来て、あるいはソウルの戦争記念館に展示されている写真パネルを見て、私は驚いた。朝鮮戦争は金日成が突然韓国を攻撃し、三日目にソウルが陥落したと記録されていたためだ。戦争記念館には当時の写真資料もあった。北朝鮮から脱北する何年か前、中国に行ったときに見た韓国のテレビ番組もそういっていた。初めて聞いたことなのでまさかと思っていたが、ソウルに行って確かな事実であると確認できたわけだ。

北朝鮮では韓国軍が不意に北朝鮮の領土を攻撃してきたと教えられる。その後米国の侵略軍が主導する十五カ国の国連軍も加勢してきたが、金日成元帥の導く朝鮮人民軍の前に膝をついて一九五三年七月二十七日に敗戦の印鑑を押したと教科書には書いてあった。

北朝鮮の文化・芸術作品は金日成首相（当時）の偶像化のために作られていたと書いたが、

特に顕著になるのは一九七〇年代に入って金正日が宣伝部の最高ポストを掌握してからだった。金正日は一九五〇年代～六〇年代に制作・出版された作品の検閲も行った。彼の判断によって上映や出版が中止になったり、内容の大幅改編が行われた作品は数知れず。作品の制作者や俳優さえ「反動作家」などという濡れ衣を着せられて首都平壌や主要都市を追われた。帰国者ではテノール歌手の金永吉（永田絃次郎）とその日本人妻が六〇年代半ばごろに表舞台から姿を消した。

映画としては「漁浪川」「偵察兵」「春香伝」「李舜臣将軍」「沈清伝」など、およそ五十作の映画が上映禁止になった。上映禁止になった理由は、金日成を崇拝する描写がないためだった。金日成以外の歴史的人物が「英雄」、「愛国闘士」、「革命家」と賞賛されるものもお蔵入りとなった。

党中央委員会宣伝部の主導下で行われた七〇年代の検閲事業（反ブルジョア旋風）によって、私の推測ではあるが、人気俳優ら一〇〇人以上が芸能界から追放された。一九八〇年代初期に朝鮮の古典文学作品「春香伝」の主人公、春香を演じた禹仁姫は在日帰国者の青年との不倫が発覚。後に金正日の命令で公開銃殺刑になった。銃殺の現場には数千人の芸能関係者が集められていたという。

平壌に党中央委員会の宣伝部の直属となっている「万寿台創作社」がある。ここは金父子の偶像化宣伝のための各種芸術作品を専門的に考案・創作する国内最大の芸術創作基地で、作品は絵画、刺繍画、陶磁器製品、石膏像、銅像、細工手芸品など多岐にわたる。北朝鮮で一番優秀な芸術創作家が作品制作に専念している場所でもある。また、高麗、高句麗時代の陶器などの模造品を大量に製造して中国、ロシア、香港、マカオなどの地を経て売っている。外貨稼ぎが目的だ。

ここで創作に従事している美術家、芸術家、陶芸家たちは、金正日の格別な信任を受け、金正日の一言で「労力英雄」や「功勲芸術家」の称号を授けられている。金父子偶像化作品創作で輝かしい成果を遂げた創作家に与えられる最大の名誉称号である。

私が二〇〇二年頃に平壌に行ったとき、万寿台創作社で制作された美術作品を監覧した。九〇%が個人偶像化作品であったが、繊細で洗練された腕前は真に立派なものであった。私は北朝鮮にもこのような画家、陶芸家、刺繍家がいたのかと、深い感動を受けたのだった。と同時に、あのような捏造された偶像化作品を強制されなければ、もっとすばらしい芸術作品ができるのにと思った。

金正日の野心

党中央委員会の宣伝部長に任じられた金正日は、七四年には労働党組織部部長に電撃的に昇格することに成功した。父に代わり、近い将来権力を掌握するために政治の舞台に登場した金正日にとって、職権を利用して野望を叶える絶好の機会であった。元々朝鮮労働党の組織部部長は、金日成の実弟である金英柱であった。金日成とともに抗日武装闘争で生死苦楽をともにしてきた革命の第一世代の元老たちも、金英柱が後継者になることを望んでいた。

金正日は「まだ子ども」と認識されていた。しかし金正日の権力欲は一九八〇年代の初期から激しく燃えていた。そこで考えたことが、父・金日成の厚い信頼と寵愛を受けることであった。

「血の海」、「ある自衛団員の運命」、「花を売る乙女」は、金正日によって指導・制作された三大歌劇といわれる。抗日パルチサン闘争で血を流し、命がけで祖国解放のため艱難辛苦の道を歩んできた革命一世代の元老たちの過去の戦いぶりを描いている。書き直された三大歌劇は、およそ二時間に渡る大型歌劇になった。

初公演に招待された金日成をはじめ元老たちは、自分たちの青春時代を、現実より過大に表現して描写してくれたことに深い感銘を受けたという。金正日が狙ったのは、まさしく金日成の感情世界を完全に握りしめることであった。また自分に対して「青二才」扱いをしていた元老たちの心を一八〇度転換させ、自分の方向に振り向かせることだったのだ。

北の映画制作について、外国の人たちが聞けば驚いてしまうような話がある。映画で金日成や金正淑を演じる俳優は、一般の俳優とは違い特別待遇を受ける。撮影中に主人公（金日成や、その妻・金正淑）の出番になると、周りの撮影スタッフは「将軍様、次は将軍様の出る場面です。準備をなさってください」と尊敬語で接することが習慣化されていたという。

撮影が終わり日常生活に入っても、スタッフは「将軍様」「オモニム」（お母様）または「正淑同志」と尊敬語で呼ぶことになっている。北朝鮮での生活に慣れていたはずの私でさえ驚いた。

よく知られた話だが、韓国の映画人が北朝鮮に拉致され、映画を作っていた時期があった。有名なのは映画監督の申相玉氏と、彼の妻で女優の崔銀姫だ。

実は金正日は、一九七〇年代半ばから韓国の映画を見たり、歌謡曲を聴いていたという。そこで金正日は、住民たちが北朝鮮の古臭い映画制作技法や演技を見て、内心あくびをしていることに気づいた。何事にも負けず嫌いな金正日は考えた。そして一九七八年、申監督夫妻を拉致することに成功したのだ。

金正日の申監督への厚遇は並外れていた。

金正日はまず、申監督直属の俳優を二〇〇人用意させ、「申フィルム映画撮影所」という撮影所もあてがった。彼らのキャスティングから演技指導まで監督に一任された。資金が必要なら工面し、撮影機材なども融通したという。

ロケは国内ならどこでも許可した。海外ロケという、破格の厚遇まで与えることもあった。申監督が逃げなかったのは、金正日との間に利害関係ができていたからだ。

これは噂だが、金正日は申夫妻との初対面の場で「申先生を北に連れてきたのは、ほかでもなくこれからわが国の映画芸術をより発展させるためです。南朝鮮の映画界で著名な申相玉先生の優れた映画制作技術を学びたいがために、私が直接命令して申先生をお招きすることになったのです」と述べ、その場で非礼をわびたという。

申監督も時の朴正煕政権ににらまれ、韓国では自由な創作活動ができない状態だった。破格の支援を受けられる金正日との連携は決して悪いものではなかった。何よりも、自分の思うままの作品が、予算や機材の心配なく作れるのだ。映画監督としてこれ以上の待遇はなかった。金正日としても、幹部ら向けではなく大衆向けの宣伝効果が狙えるというメリットがあった。芸術や映画を通じて、住民から芸術創作の「卓越した領導者」と賞賛され、近い将来やってくる自分の時代に備えて信頼と崇拝心を高揚させることが急務だったのだ。

一九五九年度に制作された朝鮮式「春香伝」、一九六〇年に再度制作された「春香伝」を観たことがあるが、申監督が八〇年代に北で制作した「春香伝」はまったく違っていた。主人公の春香と李夢龍の初夜の場面がそうである。ある男女が向かい合って男が春香のチョゴリ（上衣）の紐に手をかけゆっくりと引っ張って解いていく。すると春香の白い乳房がちらりと見える場面があった。わずか二、三秒の短い場面であったが、男が女の服を脱がせ女性の両肩を抱いて布団の上に静かに寝かせるところで部屋のロウソクの火が消えるシーンは、それまででは絶対にあり得ないものだった。

しかし金正日の欲望と期待はそう長くは続かなかった。一九八六年、申フィルム映画撮影所は解散させられた。申相玉、崔銀姫夫婦が映画制作費二〇〇万ドルを持って海外に脱出したからであった。撮影所に所属していた映画俳優たちは厳しい「思想検閲」を受けることになった。特に「検閲」「批判」の標的になったのは、申監督のお気に入り女優だった金正花、呉美蘭、洪英姫、そして張善姫だった。特に春香を演じた張善姫は「申相玉とはどこで何回寝たのか、全部白状しろ」と露骨に厳しく追及されたという。一ヵ月以上に及ぶ「思想闘争」の結果、女優たちのさまざまな事実が群衆の面前で赤裸々に暴露された。

調査の結果や女優たちの自白によると申相玉監督は自分の気に入った女優には片っ端から手を付けていたことが判明された。驚くべきことに女優の大多数が自ら身体を捧げたという。監督に身体を捧げてまで気に入られたかったのは、海外ロケに連れて行ってほしいがためだったという。北朝鮮では男女問わず海外に出て今まで見たことのない世界を見ることが最大の願望である。私もその気持ちは十分に理解できる。閉鎖された檻の中から一時でも自由になりたいのは誰もが同じ心境であった。

北朝鮮での恋愛

北朝鮮における男女の恋愛と結婚では、徹底して家庭の「成分」が優先される。「成分」とは北朝鮮式の価値観から見た家庭の「ランク」であり、国家に忠実かどうか、過去にどのような貢献をしたのかなどによって決まる。この「成分」、つまり男女の「政治的相性」が一致しないと結婚は成立しないことが多い。

ここで私自身が青春時代に経験した恋愛と、結婚にいたるまでの艱難辛苦について述べてみたいと思う。

私は炭鉱の最前線で採炭工として働いていた。配給も給料も他人より多かったが、人命にかかわる大事故が次々と起きたため、私は賄賂を使って坑外の「工務機械職場」に転職した。私は旋盤工として配置された。班長は植民地時代に日本人から旋盤技術を習得した人だった。班長は私に若い女性の旋盤工を紹介し、「その女性から旋盤技術を習うように」と言った。私はソ連製の旧式旋盤の使い方から教わった。この若い女性が後に私の恋愛相手となり、結婚して妻となる女性である。

彼女は身長一六五センチほどと長身で、肩幅は広くがっちりした体型だった。顔は丸く、黒くパッチリとした目が印象的だった。口数は少ないほうで、少し無愛想に見えた。

二人きりになったとき、互いに自己紹介した。私は彼女を初めて見たが、彼女は高校や職場でスポーツをしていた私をたまたま見て知っていたといっていた。年齢は私より四歳年下だった。

彼女は中学を卒業してすぐに旋盤工になったという。彼女の父親が炭鉱で働いていたからだ。一九六〇年代までの北朝鮮では、朝鮮戦争によって大勢の若者が戦死したため、女性でも義務教育を終えた十六歳で炭鉱に入るケースがあった。ほかの職場なら強制的に他地方の建設部門や農村同院に動員されることもあったが、炭鉱のような重労働部門の企業所では免除されることが多かった。そのため若い女性は炭鉱に志願して配属してもらうことが少なくなかった。

私と彼女の家柄はまったく違っていた。彼女の父親は植民地時代から掘進工として働いていた人で、「功勲鉱夫」として党から「革新的な労働階級」と賞賛されていた。平壌で開催された「炭鉱鉱山部門功労者大会」に参加して、名誉ある「金日成勲章」と表彰状を授与された人でもあった。当時の金日成首相から祝杯の盃まで貰い、一緒に記念撮影までした人物であった。彼女は上に三人の兄がおり、全員平壌の朝鮮人民軍護衛局で十数年将校として服務した。除隊後には地方都市や郡の委員会書記になったり、社会安全部の安全委員を務めていた。

旋盤工として彼女は私より二年ほど先輩であった。私は謙虚な心を持って習おうと思ったが、「男のくせに、年下の若い女に教わるとは！」というプライドが傷つけられるような気持ちが少しはあった。他人に見られると「恥ずかしい」と感じ、「早く一人前になってこんな女より立派な旋盤工になってみせる！」というライバル意識をひそかに抱いたものだった。そのため恋愛対象となる異性というよりも職場の先輩と後輩として話をし、一緒に仕事に励んでいた。

彼女と私が一緒に仕事を始めて約三カ月経ったある深夜、彼女は私に「もうそろそろ自分で機体を操作してボルトを削ってみてはどうですか？」と、ボルトのサイズと数量を示した加工図面を見せてくれた。

それまでは毎日、旋盤の掃除をしたり、素材を運搬したり、ほかの作業員の仕事ぶりを見たりしているだけだった。私は即座に「やってみる自信がある」と言って、実際に機械を操作してみた。最初の方はうまくいっていたものの、途中で加工移動盤と回転面盤を正面衝突させてしまった。別の作業員が慌てて停止スイッチを押した。幸いにも機械の破損はなかった。

彼女は顔を真っ赤にして驚いていた。外国から買ってきた旋盤を故障させた場合、技師の給料から賠償金を毎月少しずつ払うことになっていたからである。

作業をやり直すことになった。今度は正面で機械を操作している私の背後に彼女が回り、私の両手を握ってレバーやハンドルを一緒に動かしてくれた。私は自分の手の甲から伝わってくる若い女性の温かく柔らかい感触が全身に伝わるのを感じた。なぜか心臓がドキドキし始めていた。

彼女から手を握ってもらって有頂天になっていた私は、早速作業を再開したものの、知らぬ間に手が震えて上手く削ることができなかった。左右に少しずつ身体を動かしながら作業しているると、両手で握っていたハンドルやクラッチレバーを作動するたびに、彼女の風船のような柔らかい胸が私の背中に優しく触れているのに気付いた。こうなると削っていくのが楽しみになった。

最後の一個の加工品を削る時、この瞬間を逃したら二度とこのようなチャンスはないと思い、肩をわざと後方に押しつけ、ゆさぶるような動作をした。すると突然、彼女が私から手を離して強く肩を叩いた。

「なんで仕事中にそんなおかしなことを考えているの！」

やや鋭い目つきで私を睨む彼女の口元に、わずかに微笑が浮かんでいたのを、私は横目で察知した。私はシラをきって「いや別に変なことをしてなかったよ」と言い返した。その日から私と彼女は、互いに異性であることを意識しだした。

交際の始まり

私は時々彼女を映画に誘ったり、一緒に運動大会に参加したり、夏は川で魚釣りを楽しんだ。私はある日、豆満江の岸辺で単刀直入に彼女が私のことをどう思っているか本音を聞いてみた。まず私から「あなたが好きになった。ほかに気に入る人がいなければ、これから私と付き合ってくれないか？」と本心を伝えた。

すると彼女は、しばらくの間、下を見ているだけで何も答えなかった。私は再び同じ言葉を繰り返した。すると彼女は「友達として親しく付き合うまではいいけど、絶対に結婚はできません。それを承知でなら、ほかに意見はありません」と小さな声で答えてくれた。私は反対に質問をした。

「その絶対という言葉の意味は何ですか？」

彼女を問い詰めると「今日はこれ以上そういう質問をしないで下さい」と言い残し、私より先に立ち上がって家の方向に向かって歩いて行った。私はすぐに後を追いかけて「わかった。二度とそんなことを聞かないから、あまり気にしないでくれ」と話した。それからしばらくは、一緒に仕事をしていても私的な話や感情的な話は避けることにしていた。

それから数日後のある日、仕事が終わって職場の風呂に入ろうとしたところ、ロッカーに小さな包みが入っていた。開いてみると私の運動服と作業用手袋、作業用の靴が綺麗に洗濯して風呂敷に包んであった。

私はとても驚いたが、心の中でとても嬉しくありがたく思った。職場に旋盤工の若い女性は大勢いたが、誰の仕業かすぐにわかった。

その運動服のポケットの中に一通の手紙が入っていたことに気づき、早速読んでみた。要旨は次のような内容であった。

「以前、豆満江の岸辺で私と付き合ってほしいと言われた時、ほかのことは受け入れることができても、将来結婚は絶対無理と話したと返事をしました。その理由を今日、はっきり説明します。私はオッパ（お兄さんの意。恋人などの親しい男性にも使う）を愛しています。とてもやさしく良心的な男性だと思い好意を抱きました。しかし、私の家庭ではオッパのように日本から来た人を受け入れてくれません。だから私もとても苦しく辛くてたまりません。お許しください。結婚はできなくても、いつまでもオッパの傍で一緒に仕事をすることができるだけでも私は幸せに思っております。そしてもし、私の家族がほかの人の嫁に送ろうとしても、絶対オッパを置いたままお嫁になんか行きません。オッパ、いつまでも私の傍にいて、あなたの姿が見えないところに行かないで下さい。オッパが期待するような返事をすることのできない私の心情も、とても悲しくてたまりません。どうか悪く思わないで下さい」

長い文章だったが、一言で言えば、帰国者であるから駄目だという結論であった。当時は彼女の両親や兄弟と会ったことはなかったが、彼女自身は事情をよく判断していたようだった。当時の私は、北朝鮮という社会では家庭環境の相性が一致しなければ絶対に超えられない高い壁があるということを、身をもって理解できる年頃になっていた。

私の母からも「帰国者は帰国者同士で結婚するのが一番気楽で理解しやすいのだから、地元の人と結婚するのは諦めてほしい」と言われた。私自身も母の意見が否定できるものではなく、また否定したくもなかったが、即座に断念することはできなかった。愛情というものは不思議なものであったが、私たち二人は異性同士の友達として付き合うことを約束した。

それから数カ月後、市の軍事動員部から私の彼女宛てに軍への入隊通知が届いた。北朝鮮では男女とも満十七歳以上で軍隊に服務することが義務になっていた。男性の場合八年から十年間、特殊部隊や技術兵種に服務した軍人は、場合によって五年から十年ほど軍服務期間が延長されることもある。これを「長期服務」と呼んでいた。女性でも軍官（将校）になると、十七歳で入隊して除隊時期は二十六歳から二十八歳頃まで延びるのだった。

実は当時、私が地元の女性と仲良く付き合っているということは職場内の誰もが察知していた。その噂が彼女の家族の耳に入ってしまった。彼女の父親は同じ炭鉱で働いていたので、向こうの両親や兄弟が考え出した結論が、娘を軍隊に送ることだった。それが私たち二人の仲を引き離す一番効果的な手段だった。そして父が娘を軍隊に送るように軍事動員部に依頼したのだ。

彼女も、家庭内でそのような裏工作が行われているとは全然知らなかった。入隊手続きの三日後、彼女は市の軍事動員部に行って面談を終え、次の日には病院に行って身体検査を受けた。そこで合格となり、一週間後に正式的に軍隊に行くことが決まった。

職場の班で彼女の入隊を祝って送別会をすることになった。北朝鮮では昔から誰かが軍隊に行くとき、お金と食べ物を持ち寄って祝賀送別会をすることが慣例となっていた。また、国もそれを奨励していた。

食事が済んだあと、参加者全員が軍隊入隊者を祝賀し激励する「歌の会」が開かれた。上手であれ下手であれ、音痴であれ、幹部であれ、労働者であれ、順番がきたらその場で立って歌を披露することになっていた。今になって考えてみると、当時北朝鮮の人々は貧しい生活環境の中でもそのような娯楽を楽しみ、一時でも憩いを楽しんでいた。これはとてもすばらしいことだと思う。

私に歌う番が回ってきた。私は若い頃から歌ったり踊ったりすることがとても好きではあったが、そのときだけは不愉快だった。周りの参加者たちは私をみて変な目つきになり「おい、一生涯記憶に残るような歌を歌ってあげろ」とか「除隊するまで必ず待っているぞと言って勇気を出して歌ってみろ」という声があちこちから聞こえてきた。なぜか同情半分、揶揄半分に聞こえた。

以前、作業班長から「駄目だ。諦めたほうがいいと思う。お前には手の届かぬ高嶺の花だ。自分自身の立場を考えてみろ」と言われたこともあった。もちろん、その忠告は真っ当な内容だった。しかし愛する恋人を家庭環境のためにあきらめ、その上軍隊に行くのを笑顔で見送るとは、情けない心境であった。

それでも私は集まった人々を前に、何の動揺もない振りをしながら堂々と歌を歌った。私が「首領様もう夜が更けました」という歌を歌い終えると、参加者全員が拍手でアンコールを求めてきた。私は迷うことなく映画の主題歌にもなった「どこにいますか愛しき将軍様」を歌った。再度アンコールを受けたものの、三曲目の歌が頭に浮かんでこなかったので「もう歌えません。もう知っている曲がありません」と両手を挙げて座った。

当時、私が朝鮮の歌を歌うと地元の人たちは「日本語訛りのある発音で朝鮮の歌を日本調の節まわしで歌うと独特な味があって面白い」と言って賞賛してくれた。恥ずかしそうに片隅で座っていた彼女も軽く微笑みながら両手で拍手を送ってくれた。嬉しくもあり悲しいような複雑な気持ちだった。

二日後、彼女は汽車に乗って部隊に行った。一カ月後、平壌にある部隊に配置されたということを手紙で知った。私と彼女は出発前に密かに会い、別れの言葉を交わしていた。

「君が除隊するまで必ず待っている」

「本当は行きたくない。近いうちに口実と理由つけて必ず戻ってくるからその時まで待っていてください」

彼女はそう堅く誓ってくれた。

命がけの脱走

彼女が軍隊に行って二カ月ほどすぎたある日、同じ職場の女性が仕事をしている私のそばに来て「びっくりする話がある」と耳打ちした。話を聞くと、彼女が軍隊から無断で抜け出して、三日前に自宅に戻ってきたというのだ。あまりに予想外のできごとだったため、私は驚く以外になかった。彼女の家は大騒ぎになっていた。特に怒ったのは彼女の兄で、殴る蹴るの大騒ぎだったという。

私に彼女の逃走を知らせてくれた女性は、李蘭錦さんといった。私たちより十歳ほど年上で、彼女の自宅近くに住んでいたので、確かな情報と信じるに足るものだった。彼女の家族が大騒ぎするのは当然のことだった。「軍隊逃避者」、「兵営離脱者」などの軍律違反者は、容赦なく厳罰に処されるからだ。一般的に家族は電気もない山奥の僻地に追放される。社会や国家に大きな悪影響を及ぼしたと判断されれば、政治犯収容所に全員が送られる。

彼女が家に帰ってきてから一週間ほど経ったある日、私は李さんを介して彼女からの手紙を受け取った。李さんは、私に彼女の近況を報告してくれるだけでなく、手紙のメッセンジャーにもなってくれた。手紙には二日後の午後七時、郊外を流れる川の堤防の中間にある水門で待っているとの内容が書かれていた。その時間以外の夜間外出は禁じられているというので、必ず来てほしいと書いてあった。

彼女は私のためにあらゆることを投げ出し、命がけで逃走してきたのだ。私は何があってもその場に行くと決心した。

私が住んでいたK市には、若い男女がデートできる場所などなかった。あったとすれば炭鉱の文化会館にある映画館だけだった。そこですら若い男女が手を握って語り合うには不適切な場所だった。映画館は娯楽を提供する場ではなく、政治宣伝の前線になっていたからである。それを考えると、今の日本の若者は非常に恵まれていると思う。

彼女から指定された日、私は仕事を終えるとまっすぐに約束の水門へ向かった。およそ三カ月ぶりの再会に心も弾んでいた、しかし彼女を見た瞬間、私は驚いた。彼女の両まぶたは青黒く腫れ上がり、唇の横には絆創膏が貼ってあった。家で殴られた傷跡であることは間違いなかった。生々しい傷を残す彼女は、私に本音を説明してくれた。

「軍隊に行って三カ月間、ある場所で新兵訓練を受けて本部隊に配置されることになっていました。新兵訓練を終えると軍旗の前に立ち『軍人宣誓』を読み上げます。その日から完全に共和国の軍人になるのです。そこで部隊逃走をすると軍人として厳しい罰を受けることになります。家族にもより大きな被害を与えることになります。だから新兵訓練が終わる前に逃げてきたのです」

腫れ上がった顔で、彼女は話を続けた。

「このようになってしまった以上、オッパと一生涯、一緒に暮らすことに決めました。オッパが日本から来た男であろうがアメリカから来た男であろうが私には関係ない。もし、家から追い出されたらいく所がないのでオッパの家にのり込んで行くつもりです。私を家に入れてくれますか？」

その瞳は熱く燃えているように見えた。私は軽く頷いたまま彼女をしっかりと抱きしめた。

帰国者の男を愛したために家で非難を受け、苦しみながらも、私を愛して永遠に傍にいたいと言ってくれた、その熱い決心が私の心を激しく感動させたのである。私たち二人は、どんなことがあっても、それを乗り越えて必ず幸福になろうと約束して家に帰った。

私たちの恋愛は決して順風満帆ではなかった。彼女は炭鉱の青年組織である社労青同盟（社会主義労働青年同盟）の委員長に呼び出され、目の玉が飛び出るほどの批判を受けた。自己批判書を書かされ、炭鉱の映画館に集まった約四〇〇〇人の炭鉱社労青同盟員の前でそれを朗読させられた。もちろん私も、この集会に強制的に参加させられた。当事者との連帯責任を負っていたからだ。

女性としては最大の羞恥であった。それは軍隊から逃走した最大の原因が「女性として恥も知らず、日本から来た男を忘れることができず軍部隊から脱走してきた」ということになったからだ。

反省が受け入れられたのか、炭鉱社労青同盟は彼女に対し「一年間、坑内に入って採炭工として無報酬労働（配給はもらえるが給料は支払われない）をすることに決めた」と報告した。異例ともいうべき軽い処分であった。ちなみに、勘違いしている方が多いと思われるので書いておくが、配給は無償でもらえるものではない。階級や労働内容に応じて月に二回配給券がもらえる。それを現物と交換する際には現金が必要となる。現金とは月に一回支払われる給料で、これも個人で差がある。ただ、配給は国定価格なので、闇市場と違って安い。

次の日、今度は私が職場で職場長や職場社労青委員長から、厳しい批判を受けた。私の場合、工務動力職場であった。とにかく私たちの恋愛による軍隊逃走事件は、当時の炭鉱内で大きなセンセーションを巻き起こしてしまった。一方の男性は日本から来た帰国者、もう一方は、地方では労働党から一番信頼を受ける基本階級に属する地方幹部家族の娘。つりあうはずのない男女の「恋愛事件」であったからである。

私は坑内無報酬労働で済んだ。もちろん委員長が自分勝手に結論を下して罰を与えたのではなく、炭鉱党委員会の書記から指示を受けての結果であった。彼女の家柄を見て下した、寛大な処分だった。

彼女の兵営脱走事件が一段落ついた後、彼女は出退勤や仕事内容などで職場と家庭の徹底した監視を受けた。仕事以外の用事や夕方以降の外出は全て統制されていた。私たちも当分の間、会えなかった。しかし、互いに何をやっているか、近況はみな知っていた。李蘭錦さんが全部報告してくれたからだ。

私は李さんに手紙を渡してくれるように頼んだり、李さんの家で彼女と密会をしたりすることも幾度かあった。彼女は両親に「蘭錦姉さんのところへ行ってミシンの使い方を習ってくる」とか「お姉さんと一緒に山に登ってヨモギや山菜を採りに行ってくる」とか、とんでもない理由や口実をつけて外出した。その場には必ず私が待機していた。

李さんは当時三十歳の半ばで、色白でとても美人だった。周りの人からも好評な女性だった。

彼女の夫は坑内で事故死していた。二人の子どもと暮らしていて、私の彼女の両親とも仲が良く、ほかの人より信頼される存在だった。彼女が李さんの家に遊びに行くことだけは、彼女の家族もあまり気にしないようだった。

彼女が一年間の無報酬労働を始めて約十カ月過ぎた頃、まずいことが起きてしまった。私たち二人の間に子どもができてしまったのだ。婚前「不正」妊娠であった。そのことを当事者以外で最初に発見したのは、彼女の母親であった。娘の体型が怪しく変化したことに気付いた母親が炭鉱病院の産婦人科の女医を自宅に連れてきたのだった。母親は、妊娠の事実を絶対秘密にし、中絶を依頼した。

医師は「未婚の女だから秘密は守ると約束する。しかし中絶は絶対に約束できない」と堅く断った。もし発覚すれば、医師の資格剥奪はもちろん、法的に厳罰を受けるためだった。

北朝鮮では、女性の中絶は厳禁とされている。「女性の出産は国力に寄与する」からだ。中絶には、彼女も断固として反対した。「もしお母さんが中絶を強要するならば、自分は首を吊って自殺してしまう」と、強硬な態度をとる娘を前に、母親は諦めるしかなかった。

ほどなく問題はもっと深刻な局面に達した。それは、彼女の妊娠を炭鉱の労働課が知ってしまったのだ。労働課は彼女の無報酬労働を中止させ、坑外の軽労働部所で出産前まで仕事をさせる決定を下した。労働法規では、妊婦を坑内の重労働部門では仕事をさせることが禁止されているからである。

問題は、炭鉱の党委員会と社労青同盟が彼女に下した一年間の無報酬労働という罰則が、水の泡になってしまったことだ。彼女は出産後、一年の無報酬労働をやり直すことになった。それと同時に、物笑いの種になってしまったのだ。

北朝鮮の選挙

私が日本にいた頃には、未成年者でもあったし在日朝鮮人でもあったため、選挙に参加したことはなかった。しかし日本での選挙は参加しようがしまいが本人の自由であり、誰を選んで票を入れるかも自由であることくらいは見て知っていた。私は選挙といえば自分が気に入った政治家を選ぶものだという認識を、当然ながら持っていた。

しかし北朝鮮に行って成人（北朝鮮の場合は十八歳から）となり、選挙に参加するようになると、日本とはまったく違うことに気づいた。

私が初めて選挙に参加したのは十八歳のとき、道・市・郡の地方代議員を選ぶ選挙だった。まず、立候補の時点で他国の選挙と違っていた。候補者は中央選挙委員会から指名された人物に決まっており、その人物に無条件で票を入れることになっていた。

これにはすっかり驚いた。何とでたらめな選挙だろうとも思った。

選挙の約一カ月前から指名された人物の名前と写真、そして本人の略歴と年齢、職業、過去の政治活動で積み上げた業績、受勲歴などが地域の掲示板や投票所の前に大きく貼りだされる。選挙前になると満十八歳以上の有権者は、身分証明書である公民証を地方政府の選挙管理委員会に一時的に没収される。公民証には「選挙参加番号」と書かれた紙が貼り付けられて戻ってくる。選挙当日は公民証を見せて参加番号と名前を確認し、投票するのである。

身分確認が終わると選挙管理委員会の職員から候補者の名前が書いてある「選挙票」を渡される。これがいわば投票用紙で、用紙をもらうとチマチョゴリ姿の女性に案内され、投票箱の中に「選挙票」を入れる仕組みになっている。「無記入＝賛成票」となる。

立候補者に反対の場合は投票箱に入れる前に鉛筆でバツ印をつけるのだが、そうすると投票所から出る前につかまり、どこかに連行されてしまう。投票箱の正面は白いカーテンで隠されているが、女性二人が両脇に立って監視しているため、投票箱の横においてある鉛筆を取った時点で「アウト」なのだ。

有権者の動向は選挙参加番号によって把握されているため、投票の拒否もできない。そのため正午の時点で街頭のスピーカー放送で「参加率一〇〇％、賛成率一〇〇％」とアナウンスされる。有権者全員が投票し、全候補の支持率が一〇〇％になる国は北朝鮮以外にないだろう。

一九六〇年代から七〇年代まで、投票時間は午前五時からだった。午前四時半ごろになると女性の「人民班長」が小太鼓を叩きながら家々を回り、早く投票所に行くように促した。

投票所は早朝から多くの人でごった返していた。投票したとしても朝早くでなければ人民班長から「不誠実」とにらまれてしまうため、みなが先を争って来ていたのだ。そのため北朝鮮の選挙はだいたい午前六時、遅くても八時には終わってしまうのである。

投票所の周りでは学生たちが歌を歌い、大人も歌って踊っていた。たいそうにぎやかな風景だった。

選挙は地方選挙も全国選挙も関係なく、すべて同じだった。朝早くから投票所に並び、用紙を受け取って何も書かずに箱に入れるだけである。

ちなみに各道の党委員会書記と道行政委員長（都道府県知事に相当）は中央等委員会が金日成や金正日の承認を受けて任命していた。最高人民委員長も同様で、道の代議員選出は最高人民会議の指名で選ばれ、それ以下の自治体の代議員は道から任命されていた。有権者はその任命者を「選ぶ」だけなのだ。

忠誠の外貨稼ぎ

私が北朝鮮に帰国して約十年間、「外貨を稼ぐ」、「外貨を儲ける」などという言葉はほとんど聞いたことがなかった。しかし一九七〇年代の中盤頃から急に「外貨稼ぎ」総動員令が全国的に実施されるようになった。それは金正日が国政の舞台に登場した頃と一致する。全国のあちこちに、それも人目につくところに「国のあらゆる勤労者たちよ、祖国の富強発展のために〝外貨稼ぎ〟運動を全群衆的な運動として以前よりもっと活発に展開していこう」などといったスローガンが掲げられるようになった。

こうして工場や企業所、学校、人民班で小グループが作られ、春夏秋冬の年四回、各地に派遣されるようになった。工場ではこのグループを「外貨稼ぎ組」と呼んでいた。従業員一〇〇人程度の職場なら約十人の「外貨稼ぎ組」が組織され、春になれば山に登って山菜や薬草の採取や砂金掘り、夏場も同様で、秋には山でキノコ類の採取、ドングリ拾い、また秋から冬にかけては海草や貝類などを集めた。

一九七〇年代後半になると、スローガンの内容は一変する。「より多くの外貨を稼いで親愛なる指導者・金正日同志に忠誠の報告を上げよう」など、金正日への忠誠をアピールする内容になった。

一九七〇年代の終盤から八〇年代の初めにかけて、外貨稼ぎに軍人が投入されるようになった。当然工場労働者などの動員も続いていた。約一割の労働者が外貨稼ぎに駆り出されても、工場の生産ノルマは変わらなかった。欠員分の労働は残った作業員に課せられ、外貨稼ぎに出た人は一人が十人分の仕事をして外貨を得なければならないのだ。外貨が足りないときは作業員の給料から天引きされることになっていた。

私は外貨稼ぎ組として職場から選抜されて山に行き、ドングリや薬草を採集したことがある。一回の動員期間は約二カ月で、出発時に約十五日分の食糧（主にトウモロコシを粉末状にしたものや塩、味噌などの調味料）、食器、洗面道具、着替え、ビニールシート、毛布なども全部リュックサックに詰め込んだ。重さは約二十キロになった。それを背負って、半日かけて歩いて目的地の山奥に到着すると、最初に手をつけるのが野宿小屋作りだった。建材は木の枝や木の葉、雑草で、小川の付近に建てるのが常識であった。

八、九月の松茸シーズンになると、山道の傍や山村部落のいたるところに松茸の受け取り場ができ、松茸を採った人々はある程度の量（二〜三キロ）になると下山して松茸を納めることになっていた。松茸は品質によって、一等級、二等級、三等級、等外品という四段階に区分されていて、その等級を決めるのは松茸を受け取る外貨稼ぎの会社から派遣された、松茸専門の役人（主に女性）だった。松茸は等級にしたがって食品などと交換できた。例えば、一等品一キロであれば砂糖三キロと交換できた。二等品は砂糖二キロ、三等品は砂糖一キロだった。食品として交換価値のない等級外の松茸は、採った人が食べていいことになっていた。中には壷を持ち込み、等級外の松茸を塩漬けにして自宅に持ち帰る者もいた。

外貨稼ぎは複数品目でノルマを達成すればいいことになっており、松茸がノルマに届かなければ、ドングリや薬草で代納してもいいことになっていた。ノルマは職場全体に対して一年でいくらと決まっており、例えば秋に松茸が大量に採れて一年分のノルマが達成されれば、冬の外貨稼ぎで得たものは自由に処理できた。しかし十人で一〇〇人分の外貨を稼ぐのは容易でなかった。

外貨稼ぎが盛んに行われるようになると、山は荒れ果て、自然界の資源は徐々に枯渇していった。水害も頻発するようになった。同時に、全国各地で人並み外れた悪知恵の働く者が自ら外貨稼ぎの会社を設立し、当局の公認を受けて合法的に活動しはじめた。彼らは外貨を手に入れて私利私欲を満たしていた。それでも看板が「親愛なる指導者様に捧げる忠誠の外貨稼ぎ会社」または商社となっているので、誰も文句は言えなかった。むしろそのような会社こそ一番熱い忠誠心を持っているとみなされた。彼らは「清粋分子」と称えられ、優遇されていた。

北朝鮮は一九七〇年ごろから小規模であったが対南工作用の偽造紙幣も生産していた。その後一九八〇年代に入り、金正日の指示によって外交部傘下に偽造紙幣を大量に生産する専門部署が設立された。これが「黄金山管理局」である。機械でさえ見抜けない偽造紙幣は、中国などで違法取引に使われたといわれる。

北朝鮮当局が外貨稼ぎのために行っている違法行為は紙幣の偽造だけにとどまらない。全国各地の共同農場では芥子の花を栽培することが強要された。アヘンの原料にするためである。北朝鮮ではそれをペクトラジ（白い桔梗）と呼んでいた。

外貨稼ぎの中心となるのは朝鮮労働党直属の「39号室」である。その直属機関で、対外貿易会社の中でも有名なのは「朝鮮大聖貿易商社」や「朝鮮貿易商社」だろう。全国的に大聖商社傘下の従業員は二万二〇〇〇人ほどといわれ、日本や中国、ヨーロッパにも支社はある。

一九八〇年代に入ると「外貨稼ぎ運動」はピークに達した。同時に食糧事情はますます厳しくなっていき、一九八四年ごろには絶糧農民、絶食家庭が発生しはじめた。その後、一九八九年に平壌青年学生祝典を開催したことが北朝鮮の貧弱な経済を破綻に追い込んでしまったのである。平壌青年学生祝典は、八八年のソウル五輪に対抗して開かれた。当時二万人を超える祝典参加者の宿泊費、食費のすべてを国が負担して無理やりに強行したイベントであった。すべては八八年のソウル五輪に対抗するため、金日成と金正日にしてみれば国家の存在感と自尊心を保つためだけのイベントだった。

帰国者だけに課せられた外貨稼ぎ

一九七八年の秋ごろだった。ある日、市内に住む帰国者の集会があるから、ある企業所の映画館に何時までに参加しろと通達が回った。その場に行くと、市の党委員会の宣伝副書記が演壇に上がり、共和国政務院指示文を声高に朗読した。

「敬愛なる金日成同志と親愛なる金正日同志の温かい恩徳と配慮によって在日同胞を共和国に帰国させてくれた。在日帰国同胞、帰国実現二十周年を迎えて、国内で幸福な生活を営んでいる在日帰国同胞たちの『忠誠の外貨稼ぎ運動』を組織して親愛なる金正日同志に忠誠深い恩返しをしよう！」という内容だった。

私は心の中で誰にも言えない嫌悪感を抱いた。北朝鮮に騙されて来たことすら残念で悔しくてたまらないのに、その恩返しをしろという。あまりにも阿呆らしい話だった。

党幹部は、外貨となる品目まで指摘した。帰国者の家にある日本円、貴金属、装飾品、骨董品などだった。それらを銀行に持っていって価値を決めてもらい、国家に無償奉納せよとの通達であった。外貨奉納期間は一年間、一九七九年十月までと定められた。帰国者の「忠誠の外貨稼ぎ」は、帰国事業開始から五年や十年のメモリヤル・イヤーに動員されることが多かった。

七八年当時の一世帯あたりのノルマは二十ドルであった。裕福な人であれば二十ドルは大した額ではなかったろうと思うが、当時の私たち帰国者には大金であった。現地の住民たちの目から見ると帰国者は裕福で余裕のある生活をしていると認識されていた。そのような人もいたことが事実だが、帰国者の中には現地の人よりももっと貧しい生活を送り、飢饉状態になっている世帯も少なくなかった。

特に夫を亡くした日本人妻は、日本からの仕送りもなく、北朝鮮に親戚や親しい間柄の人もいない孤立無援状態であった。在日帰国者でも日本の親戚から何の支援もなければ、現地の人よりも過酷な生活をしていた。

私のように日本の親戚から年に二度ほど仕送りを受けている帰国者ならどうにか延命する余

裕があった。私の憶測では、日本から支援を受けていた帰国者は三割程度であったと思う。

余談になるが、私が平壌に行って日本に電話をかけたとき、一回の通話（三分間）で二十ドル出さなければならなかった。場所は平壌国際通信センターと中区域にある国際郵便局だった。電話には盗聴装置があるため、政治的な発言をすれば即逮捕となるので用心して通話する必要があった。だが、日本のお金を送ってくれという件は奨励されていた。これも外貨獲得の一環になるからである。

話を元に戻す。私は職場のいろいろな部署から集まった帰国者十一人を私の家に集合させた。私が帰国者外貨稼ぎグループの責任者に任命されたからである。十一人の中で私が一番年長者だった。十一人の中には三、四歳で帰国した者など、若い人が多くいた。彼らの言動や思考方式は現地の住民たちと似ている側面が多くあった。だから彼らの面前で国の政策に対して愚痴を漏らしたら大変なことになると用心していた。

私はある年、リーダーとして砂金を採りにいくことになった。二つのグループを編成し、それぞれの組に一人ずつ砂金掘りの経験者を置いた。私たちが住んでいた付近の山奥には、名の知れた砂金の採掘場が何カ所かあったので、二手に分かれて作業をすることにした。作業は二カ月行う予定だったが、ひとまず食糧は十五日分間持っていった。川の近くに簡素な小屋とトイレを作り、初日の夕食を済ませて一同を集め、一日一トンの土を集め、そこから三グラムの砂金が出ればその場で作業を継続し、二、三日やって一グラムの砂金も採れなかったら別の場所に移るように指示した。私のアイディアではなく、国家基準がそのようになっていたからである。

ところが作業を始めて三日たっても、一グラムの砂金も収穫することができなかった。場所を移そうにも大変な労力がいるため、五日間粘った。それでも砂金は採れなかった。ここで採取を続けるか場所を変えるか、チーム全員が私の判断を伺っていたように見えた。私はここで責任者の私が弱音を吐いたら駄目だと思った。

「明日から二カ所に分かれて作業するのではなく、全員が一カ所に集中して全力を挙げて一組ごとの交代でがんばってみよう。そうすれば必ず成果が出るはずだ。みな、元気出せ、まだ時間はいくらでもある。心配するな。明日の朝はメシをいっぱい食べてやってみろ。砂金は必ず出るはずだ」と励ました。

次の日、読みが当たった。八グラム程度の砂金が採れたのだ。私たちに課せられたノルマは一人十五グラム、計一六五グラムだったが、チーム内の士気は盛り上がっていった。砂金は一日二、三グラムは採れるようになったが、だんだんとみなが肉体的に疲れてきているようにも見えた。私はある日、娯楽会を開いた。それまで隠していた自家製の焼酎を男たちにふるまい、みなの英気を養った。自然と歌が沸き起こり、みなが踊りはじめた。その中でずば抜けて歌の上手い人がいた。白浩という三十四歳の青年だった。白は声楽の専攻を志していたが、帰国者の身分と家庭事情がそれを許さず、炭鉱で働いていた。父親に習ったというイタリア民謡「サンタ・ルチア」や「オー・ソレ・ミオ」を披露してくれた。私は時折食材を自腹で購入してチームの士気を上げながら仕事を続けた。当初二カ月の計画が、一カ月と十日、約四十日で目標達成となった。

ウソで塗り固められた社会

北朝鮮では、よく「首領様の現地指導」というニュースが流れるのをご存知かと思う。この現地指導が行われることになると、視察先の企業や農場、あるいは個人宅では徹底して準備に追われる。普通に考えれば、準備とは業務内容や業績の説明をしっかりするためのものと考えるが、北朝鮮では違う。いかに、「首領様のご指導によってここまでの成果が上がりました」と見せるかが重要なのである。

例えば首領様を案内するのは必ずきれいに掃除された工場であり、一番実りのいい田畑なのだ。一般家庭に来るとなれば、食糧を大量に運び込み、いい服を着せて迎え入れるのである。そうでもしなければ失敗はすべて担当者が負うことになる。わかりやすくいえば命にかかわることなのだ。金日成や金正日は、こうした見せかけの成功に騙され、自分たちの指導が間違っているとも気づかぬまま、満足して帰っていくのである。こうして何も変わることなく庶民の苦労は終わることがない。まさに「裸の王様」だ。

私も似たような体験をしたことがある。日本にいた兄が初めて祖国訪問団として、地方に住んでいる私の家に来たときのことだ。

兄の訪問の三日前、私は突然帰国者社宅からアパートに強制転居させられた。三階建ての新築アパートの一室に置かれたコメの壺に、担当者は二十キロほどの白米を詰めてくれた。冷蔵庫にはブタ肉八キロ、牛肉五キロ、七面鳥の肉五キロと、野菜が詰め込まれていた。平壌の外貨商店の陳列台でしか見たことのなかったブランデーのナポレオン、フランス産シャンパン、ワインなど洋酒だけでもおよそ三十本、そして国産の高麗人参酒・太平酒という高級ブランドの酒が箱詰めにされて置かれていた。どこからこんな立派な食糧を運んできたのか不思議に思ったくらいだった。

炭鉱や地方の幹部は「このあらゆる食品は我が党と偉大な首領さまが直々にあなたのお兄さんの祖国訪問を祝って送ってくださった。訪問客とともに思う存分味わってください」と言った。「国が配慮したものなので料金は無償である」とも話していた。私はそれを聞いてとても嬉しかった。訪問客と同行する中央の幹部、乗用車の運転手、地方の幹部も参加するので、一番重要な悩み事（飲食のこと）が解決できたからである。

二泊三日の予定どおりに兄が訪問イベントを終えた翌日、元山まで見送りに行き帰ってきたところ、地方幹部たちがアパートに乗り込んできた。残った酒の味見でもしようとしていたときだ。私は疲れていたので洋酒を一口飲んだだけで、肉も酒も、地元や職場の幹部たちが全部消費してしまった。

その翌日にはもっと驚くべきことが待っていた。清津の外貨商店の職員が来て請求書を渡されたのだ。「国の配慮だから無料」というのはまったくのウソだったわけだ。外貨商品なので日本の金を出すしかなかった。合計一四万八〇〇〇円を請求された。もし兄が日本円を渡してくれなかったら大変なことになっていた。

それればかりでは済まなかった。今度はコメや肉の催促で市の職員が訪ねてきた。それは幸いにもウォンで請求されたが、とんでもない価格で計算された。「配給所に白米がなかったので貿易会社から闇市場の価格で持ってきたため仕方ない」という理由だった。

余談であるが、兄の訪問中、金日成の銅像に感謝の献花をした。兄と母、そして中央の案内員（保衛員）が先に銅像前の階段を登って行く途中であった。母の履いた履物が足から抜けた。母は靴下のまま登って行った。私たちの後方にいたほかの地方幹部が、履物を拾って階段の上で渡してくれた。母の前に置きながら「お母さん、どうして履物をはかないで歩いているのですか？」と聞いた。すると母は「靴があまりにも大きくて、しょっちゅう脱げてしまうので、裸足の方が楽なのでそのまま上がってきました」と答えた。

横にいた兄は不思議そうな顔をして自分の手で履かせようとした。履物を持ち上げた瞬間、兄は大笑いをしながら「こんなでかい靴が母さんに合う訳がないでしょう。誰がこんな靴を買ってあげたのですか？」と私の顔を見た。その靴は、兄の訪問前に地元幹部が「足りないものはないか」と聞いてきたため、急遽頼んだものだった。

母は「いやいや、そうじゃないの。『一時だけ（訪問期間のみ）履いてくだされば、後で足に合う靴を探します』と言われたので、仕方なくこれを履いたのだよ。靴なんかどうでもいいじゃないか。死ぬ前にお前に会えたのが何よりも嬉しい」と説明した。中央から同行してきた案内員の顔が真っ赤になっていたのを私は見た。党と国家の大恥になったからである。後にその履物を担当した地方の行政幹部は、この件が問題視され退職させられたと聞く。

私達一同は銅像に献花して敬礼をした。そしてその前で記念写真を撮った。階段を下りるときは、兄が母をおんぶして下りた。私はそれを止めたくなかった。私なら母を背負うことはいつでもできる。しかし兄と母の場合は別である。これが最後になるかもしれないので兄に任せた。私は母の靴を両手に持って一緒に下りた。私は靴の件について、担当者の過ちではなかったと思う。国の生活事情でそれしかできなかっただけである。

別の帰国者の話である。ある若い夫婦の妻の両親が、娘に会うため日本から訪れた。夜になって、五歳の孫が突然「お母さん、早く家に帰ろうよ。早く。ここの家はうるさくて嫌だ」と母親の首に抱きついて泣き出した。訪問した両親は、なぜ孫が〝自分の家〟に帰ろうと言っているのか、理解できなかった。

両親が「ここはお前たち家族の家じゃないのか?」と深刻な心情で問いかけると、娘は日本語で話して父親を外に連れ出し、幹部の家を臨時的に借りていると説明した。父親は「そうか、わかった。何も知らないふりをするから心配するな」と言ったという。何も知らない子どもは正直者である。嘘をつくのは大人たち。特に労働党の幹部であった。

賄賂社会

ことさらここで書くことではないかもしれないが、北朝鮮はすべてが金次第、賄賂次第だった。

例えば汽車での移動である。一九六〇年代末ごろだったと記憶しているが、居住地以外の地方に移動する際に、旅行証明書（通行証）が必要になった。私が最初に通行証を申請したのは、日本からの荷物を受け取りに咸鏡北道の清津港に行くためであった。七〇年代中盤までは、仕送りの荷物は清津港に届いていた。それ以降の時代は元山に行った。在日朝鮮人の祖国訪問団や日本からの仕送りを運ぶ万景峰号が着くのが元山港だったためだ。

清津港に行くために初めて安全部二部に申請したところ、許可が下りなかった。二部の部長に会って「早く通行証を渡してください」と懇願したが、三度目に窓口で会ったとき彼はニヤニヤ笑いながら「君は何も知らん男だな。何も持たずに通行証を受け取りに来る馬鹿がどこにいるんだ。清津までだったらタバコと人参酒でも持って明日の十二時に裏門で待っていろ！」といってきた。

それを聞いて目が覚めた。相手は私の申請書に書かれた目的地や旅行目的を把握していたし、私が日本から来た帰国者だということも知っていたのであった。それからは賄賂が習慣になった。安全部にタバコ一カートン、あるいはお金を渡せば、通行証は最短三日で手に入った。家に帰ると、弁当の準備である。外食などできないので、自分の分を用意する。それ以外に、駅員や列車案内員に渡す弁当や菓子なども準備しなくてはいけない。目的地までの切符を買うにも賄賂がないといけないからである。切符販売員が男性なら酒かタバコ、女性の場合は小銭を握らせてあげないといつ汽車に乗れるかわからなかった。

切符を手にして列車に乗っても、座席があるとは限らない。私が住んでいた地方から平壌まで行くとすれば、定刻どおりに進んで二十四時間かかった。しかし停電や事故で三日から四日間、列車の延着のため車内に閉じ込められたままになるか、駅の待合室にビニールを敷いて夜を明かすことが日常茶飯事であった。そこで列車乗務員に適当なお金を握らせてやると、乗務員室に入れてもらえることもあった。そこまでいってようやく安堵の息をつけるのだ。乗り換えるときも同様である。乗務員に喜ばれる贈り物を渡した場合、次の列車の乗務員を紹介してもらえる。列車の乗務員が寝台車に案内してくれたこともあった。

日本からの送金を受け取るときにも賄賂は必要だった。北朝鮮が日本からの送金を許可したのは一九七〇年代の中ごろである。それまでは郵便物などに忍ばせて送ってくる以外に方法はなかった。

送金の通知がくるたびに、私は平壌の朝鮮合弁銀行や国際郵便局にまで行った。八〇年代初めまでは受け取りに行っても現金はもらえず、現金と等価の品物を購入できるパックントン（現金交換券・外貨カード）が発行された。現金は国庫に入れられるのだ。

銀行でパックントンを受けるとき、約一割は係員に支払う決まりになっていた。でないとその後、送金が来てもすぐに通知書を送ってもらえず、銀行内で融資に回されてしまうことが頻繁にある。北朝鮮では個人の資産や財産の保護に対しての法律がとても曖昧だった。

一九九〇年代に入って朝銀や合弁銀行が倒産すると、唯一の送金窓口は平壌中区域にある「平壌国際郵便局」しかなくなった。そこでは国際電話もかけることができた。もう一カ所国際電話ができる場所は普通江区域にある「国際通信センター」である。ここは、各国との電話やFAX送受信、ビジネス専用の通信局である。日本からのFAXの送受信や国際電話もここを利用した。

私も脱北するまで、約三十回日本に電話をかけた。送金するとの返事がもらえたら家に帰らず、平壌に住む友人（外貨稼ぎで知り合った帰国者）宅に寝泊りをして待った。一度家に帰って再度平壌市内に入るとなると、通行証明書の入手や多くの手続きに賄賂がかかるからである。

友人には送金額の一割を渡す約束になっていた。

地方の人間が半月以上平壌に滞在することは原則的に禁止されている。もし滞在期間がオーバーしたときは、安全部に罰金を支払うか、払えなければ一カ月〜三カ月間、強制労働を要求されることになっていた。

国家の祝日などになると、保衛部の役員らが平壌市内を見回り、無断宿泊者がいないか点検することもあった。私はある程度の長期滞在となった場合、平壌の友人の紹介で知り合った幹部の家に泊めてもらっていた。一万円札を渡すと約一カ月は無事に宿泊できた。食費も支払ったので、摘発されることはなかった。摘発されたとしても、送金待ちの帰国者は大目に見られた。

日本からの荷物の受け取りも一筋縄ではいかなかった。私の母親が腎臓病を患っていたときのことである。日本の親類が緊急の航空便で薬などを届けてくれた。荷物をもらって二カ月後、平壌の国際郵便局に行って電話をかけて礼を言うと、そこで腕時計五個とコーヒーも送ってくれたことを知った。しかし、私が受け取った品物は、薬と日本茶だけだった。

私は「全部ありがたく受け取りました」と言うしかなかった。理由として日本にいる親戚や兄弟を失望させたくなかったし、日本では想像もできないことが起きるのだと知られると二度と仕送りをしてもらえなくなる怖れもあったためだ。税関職員が個人の仕送り品を横領するとは、まったくほかの国では考えることのできないことだと思う。

一九八〇年代になって経済の悪循環が始まると、権力を持った幹部層は自分が持っている権限を乱用しはじめた。こうしたことから北朝鮮は私利私欲の塊のような社会になってしまった。制度の悪循環が、このような社会悪を助長したのだと思う。

北朝鮮の無償治療

父が帰国を決めた理由が、北朝鮮の「無料教育・無償治療」であったことは前に触れた。確かに帰国した六〇年代から七〇年代までは、その宣伝のとおりだった。当時は病院で治療費や入院費を払った覚えがない。私は社会人になって約一カ月にわたって入院治療を受けたが、お金を払っていない。

そのころまでの医薬品や医療設備は、九〇%が同盟国であったソ連をはじめとする東欧の社会主義国家からの無償援助か、安い価格で輸入したものだった。抗生剤のラベルや、医療機器の商標などを見てそうだとわかった。

しかし一九八〇年代に入ってから、このような医療品は急に減っていった。その原因はよくわからない。そのころから金日成は「わが国は古来、漢方薬で病気を治療していた。これから全国各地で漢方に必要な原料となる効能の高い薬草を採取したり、薬草の原料基地を大々的に確保・助成し、効能の高い薬草を栽培すること」と特別指示を下していた。医術の呼び方も中国式の漢方医学から朝鮮式の東医学（東方医学）に改められた。

しかし漢方とは慢性的な疾病や内科の病気には通用するが、外科部門では無用なものであった。突発的な事故で大手術をするとき、近代的な新薬が必要なのに漢方では間に合わないのである。八〇年代ともなると、外国製の抗生剤・殺菌剤・消毒剤は不足して党の幹部や医師と親戚関係者のものとなっていった。一般庶民が盲腸手術などの外科手術、あるいは産婦人科で出産をするとき、事前に抗生剤、消毒剤、場合によっては脱脂綿まで用意して持ってくるように指示を受けていた。

庶民が薬品を購入するルートは闇市場しかなかった。薬品だけは市場で大っぴらに売買することが禁止されていたが、そういった情報は人から聞いてみな知っていたので、監視員の目を避けて売買していた。

特殊な薬や特別高価な薬品は、売人が直接自分の家に連れて行って売買していた。運悪く市場で摘発されても全て押収されるのを避けるためであった。私も数回そのような方式で外国製の貴重な薬を購入したことがあった。八割は中国製であったが、中にはアメリカ、台湾、そして韓国製の麻酔剤（注射用アンプル）もあった。

八〇年代に入って無償医療システムは完全に機能を喪失していた。むしろ患者は治療費だけでなく、入院時は食事まで自分で賄わなければならなかった。手術が終われば、執刀医、看護師、院長まで入院室に招待して「感謝の招待食事」を盛大にふるまうことが恒例となっていた。粗末なもので済ませると、次の日から目に見えて待遇が変わるからである。私も家族が手術を受けた際、普段自分たちが口に入れたこともない高価な食事を準備するしかなかった。本当にバカバカしい話である。

無料教育制度

北朝鮮では教育費も無料だった。学校に通っても月謝は不要で、何かしらの登録金などもまったくなかった。これも、一時期のことであったが。

一九七〇年代になると、子どもを持った親は子どもを学校に通わせることが何よりも悩みの種になっていた。学校側から課せられる負担があまりにも重くなっていったためだ。数え年七歳で小学校に入って、高等中学校を卒業する十八歳になるまで、親の負担は、それこそ腰が曲がるほどのものだった。ちなみに私が帰国した当時、小学校五年、高等中学六年が義務教育となっていた。

問題は教育内容などではない。学校から〝献納〟を求められることだった。学生は年に三、四回、国家委員会の指示命令によってくず鉄を収集し、それを学校に納付することになっていた。古紙や破れたビニールの収集も課せられた。それよりも辛いのが、一年に四枚のウサギの皮を納めることだった。これは金日成時代から金正日時代まで受け継がれた。ウサギの皮は、軍隊の防寒服や腹巻き作りに利用されていた。そのため一定のサイズが求められ、それも一等品、二等品、三等品に区分されていた。

皮を納めるのは絶対だった。皮が手に入れられない子どもは、闇市場で買ってきてでも納めることになっていた。そのため北朝鮮の一般家庭では、ウサギを飼育することが一般化していた。それは政府からの指示でもあった。大人は年に一回、イヌの皮一枚を国に納めることが義務化されていた。

ウサギやイヌを数十匹育てていれば、一定の収入源として貴重なものであった。ウサギやイヌの畜産であり、子を産ませて売買していた家庭はめずらしくなかった。近所では庭いっぱいにブタ・イヌ・ウサギ・鶏などの飼育小屋を建てている家もあった。私の家でも両親がいたときから羊やヤギを飼育していた。羊の毛は布団の綿代わりに、ヤギの乳は栄養補充のために育てていた。

ある貧しい一般家庭で育った小学生が、学校で「ウサギの皮を持ってこないなら持って来るまで登校するな」と先生から酷く叱られたことがあった。その子は家に帰って母親に泣きすがり「ウサギの皮を買ってくれ」と一日中無理を言い母親を苦しませた。すると母親は「そんなに皮が欲しけりゃ、この母の皮でも剥がして持って行け！」と怒鳴りつけて子どもの足を蹴り飛ばした。子どもは食器棚の角に頭をぶつけて顔中血だらけになってしまった。母親は、可愛いわが子を抱きしめながら自分がしたことを反省し、声を張り上げて号泣したという。この事例は、私の隣の家での出来事だった。

あまりにも惨い光景であったで、翌朝に私はその子を呼び出してチャンマダン（闇市場）に連れて行き、黒いウサギの皮を買ってあげた。私の子どもと同じクラスの学生だったので、そうしなくてはその子は私の子どもと一緒に学校に行けなかったためである。

次の日、隣の家の亭主が私を家に招き、自家製の焼酎と酒を搾った後の酒かすで作ったまんじゅうを出してくれた。主人は私の両手を握って、「ありがとう、本当にありがとう。一生忘れない。本当に情けない、すみません」といって、熱い涙を浮かべていたことがいまだに記憶に残っている。

こうした献納の成績の良かった子どもたちは、「全国模範少年団」として表彰状やテレビ、その他の贈り物を授与された。また、新聞、雑誌やテレビニュースで大々的に宣伝紹介されていた。表彰状には「金日成」という名前が載っていた。それは子どもたちの前途に有望な道が開かれるのと同義であった。こうなると、学生も教員も、勉強が本分であるのか献納が本分であるのか、わからなくなる。ちなみに学生は春・夏・秋の農繁期になると農村支援に動員された。学生はいつ勉強に励み、自分の希望と夢の追及に没頭できるのであろうか。学校側が、学業成績ではなく献納の多寡で学生を評価するようになったことも、嘆かわしいことだった。

教師に対する賄賂も横行し、それは八〇年代を境にエスカレートしていった。子どもたちに知識や道徳を授けるべき教師であるはずが、自分自身が生きていくことがあまりにも辛く苦しいため、職業意識を忘却し、プライドを投げ捨てて物欲に走ってしまうのである。

学校の備品も親の負担になった。例えば教室の窓ガラスは、学生一人につき一枚、親が納めることになっていた。壊れた机・椅子の修理もさせられた。その課題が達成されなかったら食糧配給票の供給をきられてしまうので、これも大変な負担であった。私は若いころから木工の腕にはある程度自信を持っていたので、机や椅子の修理はそれほど問題ではなかった。それが学父兄会（日本のＰＴＡのような集まり）の中で評判になり、修理の注文が殺到してきた。

問題は木材がないことであった。しかし悠長なことは言っていられないため、自腹で材料を買い、一日かけて修理を終えた。「木材は充分に保障してあげるから、ぜひ私の子どもの机を直してほしい」、「お礼として自分の家で育てたウサギの子、二匹をあげるから」といった条件での依頼もあった。まんざら悪くないと思って承諾したが、子どもの役に立てたと考えると本当に嬉しかった。

驚かれるかもしれないが、人糞集めも高く評価された。春と秋の末、そして真冬の一月か二月の春耕期を迎えると、学生たちは交衆便所や自宅の庭にあるトイレから人糞を収集し、手車に乗せて学校の庭の一定の場所に山積みにする。人糞の収集は、朝の登校時か、下校してから決められた量を持ってくるように強要されていた。それを担任が「何人分になる」と評価する。

担任は目分量で合格・不合格を決定することになっていた。

夏にも人糞収集はあるのだが、暑いため悪臭が強くなる。そのため学生たちは直接、近隣の農村の畑まで運ぶことになっていた。その際は農民が目で見て合格・不合格を判断する。合格者には領収書を渡すことになっていた。決められた量に足りないか、あるいは人糞のなかにウサギやイヌの糞が大量に混ぜてある場合は不合格扱いになった。これは学校だけでなく、大人たちの職場や人民班でも同様であった。

学校がこの様に知識教育を忘却した為、子どもたちは夢や希望を持つことなどなかった。十八歳にもなると、大体自分の将来が見えてしまうからである。特に、中朝国境地域に住んでいる子どもたちは、中国のテレビ番組や韓国のＤＶＤでドラマや歌謡番組などを密かに見ていた。自分たちの国よりもほかの国が遥かに発達していて、いい暮らしをしていることくらいはみな知っていた。

また、彼らは自分の家庭や身分が社会でどのように評価されているのかも認識していたので、親に向かって無理に「大学へ行きたい」と求めることもなかった。入試に合格できても、家庭の「成分」があまりよくない子どもたちは、最初から上級学校への進学は諦めていた。同じクラスでも、幹部の子どもたちは学力がなくても大学に通えるのだ。

ある日私の子どもの学友たちが家に遊びに来て、卒業後の進路を話し合うのを隣で耳にしたことがある。彼らは「自分の家は、それほどでもないから軍隊へ行くか、社会に進出して一生懸命働いて金を儲けて、美味しいものでもたくさん買ってお腹一杯になるのが一番の幸せだ」などと言っていた。私は、そのような話を聞いて「なんと哀れな青年たちであろう」と心の中で嘆いた。

家庭成分に恵まれていない青年たちは夢も希望も胸に抱くことができず、自暴自棄になっていた。私の子どもたちも例外でなく、「親が日本からきた帰国者家族なので、大学に推薦してくれないし、もし大学に入学しても、卒業後は当たり前に就職することはできない。生産現場に配置されるに決まっているからあほらしくて大学に行くことを考えてもいない」と考えていた。結局、息子長男は軍隊に行き、次男は職場進出をした。彼らはその決断を悔いてはいないようだった。

無能な人間が支配する北朝鮮

人々にとって豊かな社会、明るい社会を作り上げるには、有能な人材が政治・経済・文化を創造する必要があると思うが、北朝鮮では成分ばかりにこだわって、結局、無能な人間が有能な人間を統制・支配していた。私が特に北朝鮮での教育問題について言及したいことは、家の成分に関係なく「実力第一主義」という側面で一貫してほしいということである。現在のような環境で育った学生は、自国でもグローバル社会でも、何の役にもたたない、無能な人物にしかならない。北朝鮮での人材教育とは、盲目的な独裁者崇拝教育なのである。

北では、「革命一世代」と呼ばれるかつての抗日武装闘争参加者が、老幹部として軍の最高級幹部や副主席の地位に座っていた。彼らには致命的な弱点があった。学識不足である。金日成もこの点においては同じだった。

「革命の先輩」とも呼ばれる彼らは、小学校も卒業していない人が少なくなかった。各種大臣や軍の次帥まで務めた白鶴林は、漢字どころかハングルの読み書きにも苦労したという。書類の決裁などはほとんど記述書記と呼ばれる秘書が代行していたといわれる。

こうした元老の中に国家副首相などを歴任した金一がいた。本名を朴一というが、金日成と義兄弟になったということで金一と名乗ることになった。彼は、金日成と親しいというだけで要職に引き立てられた人物だった。次のようなエピソードが伝わっている。

戦争からの復興の過程で、中朝国境にある水豊ダムから平壌まで送電線を引くことになった。技師たちはいかに山間部の難所を避けて平壌まで鉄塔を伸ばすか、頭を悩ませていた。そこに現れたのが金一である。彼は「何をそんなに悩んでいるのか」とたずね、定規を持ってこさせるとダムから平壌までの直線を引いた。「これが最短ルートだ」と言われた技師たちは返答に困ってしまったという。結局金一の計画は、寸前のところで金日成の見直し命令がかかって実現せずにすんだという。

このとき金一の「直線案」に賛成したのが、過去（一九五〇―一九六〇年代）の北朝鮮の実力者、崔龍海の父である崔賢だ。崔賢も文字が書けなかったようで、冗談のような逸話が残っている。

金日成が演説をしていた時のこと。熱心にメモをとる高官の中、崔賢はあろうことかヘビやウサギ、ニワトリの絵を描いていたという。これをその場にいた誰かに見つかり、金日成に報告された。崔賢は「万が一誰かに見られてもわからないようにするための暗号です」と答えたらしい。それをどう受け取ったのか、金日成は「崔賢を見習うべきだ」と褒め、罰を与えることはなかったという。こういう話がどんどん出てくるのが革命一世代であった。

異色だったのは、国家副主席を長く務めた林春秋という男だ。林は中国吉林省・龍井で生まれ、中学から専門学校に進んだ。青年時代から抗日部隊に入り、「抗日スローガン」、「闘争口号（スローガン）」、「祖国光復十大綱領」をはじめ、多くの小冊子も出版した。六〇年代には小説も書き残しているインテリ層だった。

ただ、金正日時代に入ると、こうした元老クラスも制裁の対象となった。林春秋と同じ国家副主席だった金東奎は、金日成に忠誠を尽くした元老で、息子たちも国家の要職に抜擢されていた。金東奎は金正日への世襲に反対したといわれ、「反動分子」として化城政治犯収容所（第16号管理所）に送られて獄死した。

金正日時代になると、「革命二世代」といわれる若者が表舞台に登場しはじめた。彼らの多くがソ連や東欧に留学経験を持ち、前世代とは違って学識も高く、一家言を持つ人物だった。彼らは金正日に疎んじられ、粛清や鎖線の憂き目にあった。

つまり北朝鮮は、建国の時点ではインテリ層が少なく、その後登場したインテリ層は、金正日にとって煙たい存在だったため消されてしまい、国家を導くような人材が著しく欠けていた。これは独裁体制にはよくあることだが、この傾向は一般社会でも同じだった。支配する方もされる方も、無能であるほど地位は安泰だった。有能で良識を持つ人物は、地位にかかわらず能力を発揮する機会を与えられることすらない。これが北朝鮮最大の不幸の一つである。

朝鮮労働党5課の「美女狩り」

私が四十代の末頃の話だ。高等中学校の卒業を二カ月後に控えた次女が、担任から放課後、体育館に呼び出された。同クラスのもう一人の女子生徒と二人で体育館に行くと、そこにはすでに四人の女子生徒が待機していたという。

指名された六人は空いている教室に連れていかれ、「中央からのお客様」に両親の名前、出身地、学習成績、趣味、生活、得意な科目、将来の志望、そして身長、体重、健康状態などの聴き取り調査を受けた。「お客様」は、「美女狩り」の専門家だった。三日前から学校内で、運動服姿で立っている生徒たちのスタイルや歩き方、肌の色、身長を事前にチェックした上で、担任の教師に指示を出して横一列に整列させ、特定の女子生徒を指示し、それ以外の生徒は解散させた。体育館に集められたのは、こうして選抜された生徒だったのである。

北朝鮮ではこれを「人物審査」と呼んだ。初日にしたのはそれだけだった。女子生徒たちは二日後に再度空き教室に呼び出された。

しかし、十八歳になっていた私の娘だけが外された。その前日に娘から学校であった出来事を聞いていたので、その日の夕方、「今日の人物審査はどうだったの？」と聞いた。すると娘は「六人の中で唯一私だけ名前がなかった」と答えた。その表情は何かに失望しているように見えた。

私はその理由が瞬時に分かった。「在日帰国者」という誇らしくない父親の経歴が子どもに不愉快な影響を与えたのであった。父親がいくら党員だとしても、日本や中国、ソ連など、海外縁故者は最初の審査で必ず除外されてしまうのだ。彼女たちが接する党、軍、行政の高級官僚は、誰よりも国家機密を持っているからである。独裁国家となればなおさらだ。

「お客様」は、最高権力者の身辺警護を行う朝鮮労働党5課の職員である。学校側も在日帰国者の子女が「5課対象」に選ばれたのは初めてなので、中央からの来客にも言わなかったという。そう娘の担任が後で申し訳なさそうに本人に説明してくれたらしい。

美女には選抜基準が存在した。身長一五八センチから一七〇センチまで。体重は減らしたり増やしたりできるので、よほどでなければ関係ない。均整の取れたスタイルで、美貌であることは必須。肌の色や歩き方も選考対象になる。内股や外股で歩くのは駄目だった。

「人物審査」で合格した学生は、病院に連れて行って精密な身体検査を受ける。レントゲン検査をはじめ、内科、外科、婦人科、さらには肛門科や咽喉科などで検査を受け、すべてをパスできなければ除外される。しかし、容姿が際立って優れているなどした場合は、健康面に多少の問題があっても、「特別治療」を受けさせるため連れて行かれるケースもあるという。ただし、無条件で除外される項目がある。処女でないと診断された場合だ。少女たちは国のトップはもちろん、高級官僚たちに捧げる「花束」であるからである。

よく知られる「※喜び組」は、一九七〇年の後半頃から内輪の宴席に出演しはじめていた。毎週のように豪華なパーティー、音楽会、舞踊会が開かれた。最下層の庶民たちは食糧不足でトウモロコシの飯もろくに食べことができず生活苦にさいなまれていた時期であった。

金正日時代に入って頻繁に「喜び組」が出演するパーティーに参加していた常連客は、「革命一世代」より若い世代だ。彼らは金正日が一番信頼していた最側近であった。「喜び組」の若い女性は一般の女優とは比べ物にならないほど、歌や踊りに秀でていた。それも朝鮮の歌や踊りだけではなく、外国の作品もレパートリーに入っていた。ピアノをはじめ、弦楽器、打楽器、吹奏楽器の演奏も心得ている。芸術万能かつ才色兼備で、器量も完璧な女性たちだと聞いている。金正日をはじめ高級幹部のあらゆるリクエストに対応するのが「喜び組」の任務なのだ。

　単に美貌に秀でているだけではグループに属せないという。北朝鮮で一般人にも広く知られる万寿台芸術団、血の海の歌劇団、旺載山軽音楽団、普天堡電子楽団、朝鮮人民軍協奏団、青年協奏団（一九九〇年代末に解散）なども、北では一流の芸術団であるが、美貌にしろ演奏の技量にしろ「喜び組」に勝る芸能人はいなかったという。だから「喜び組」の女性は金正日から一番厚い寵愛と物質的配慮を受けていた。洋服、下着、履物、化粧品はシャネルなどの一流ブランド。カバンはエルメス、時計はオメガなどが与えられると聞いた。

　私は以前、金正日の特閣（別荘兼迎賓館）で働いていた警備中隊長から、秘密裏に「喜び組」の舞台公演ＤＶＤを入手した。その中隊長は私の妻（現地人）の近い親戚で、十年で満期除隊した。除隊する時には金正日の名義でダンボール一箱分の贈り物を授けられた人物で、長身の好男子だった。ＤＶＤはこのダンボールの中に入っていたという。

　私は彼からもらったＤＶＤを早速再生してみた。国内の芸能公演を集めた映像はみたことがあったが、極秘映像は初めてだった。喜び組の女性たちは朝鮮の民族舞踊から始めて外国舞踊を踊っていた。驚いたのは彼女たちの服装だ。半裸のビキニ姿だったのである。「ジャワ島の娘達の田植え」という演目では、十人の踊り子は小さなブラジャーに木の葉を腰に巻いただけなのだ。全員が揃って田植えをする様子を表現する途中、客席に尻を向けて腰を曲げる場面がある。ここで客席から拍手喝采が起きた。なぜなら全員下着を着けていなかったからだ。女性たちは両足を閉じていたが、このシーンが一番印象に残っている。

二枚目のＤＶＤは歌謡編だった。「一〇〇万本の薔薇」などのロシア民謡、イタリア民謡「オー・ソレ・ミオ」、「サンタ・ルチア」そしてピアノ演奏では「エリーゼのために」、「乙女の祈り」、「トロイメライ」、そしてタイトルは覚えていないが二名での連弾。歌謡で一番印象的で感銘を受けたのは、日本の演歌「瀬戸の花嫁」「みちづれ」「ここに幸あり」「あざみの歌」であった。彼女たちの日本語の発音や音程は正確だった。さすが金正日が寵愛していた娘たちは違うと、変に感心させられたものである。

※「喜び組」は中央の有名な芸術団、音楽団から選抜された女性芸能人であった。

妻よりも幹部の動向を把握する「記述書記」

次は全国各地から選抜合格した「記述書記」の配属に関して述べたい。美女の中で最上級の女の子は金正日の招待所（別荘）に配置される。第二ランクは軍部の司令官軍政治局長、副主席、組織部長級、党中央委員会の部長級政務院（内閣）総理福総理、党中央宣伝部長、党中央委員会傘下の3号庁舎部長らに「記述書記」として配置される。金日成時代には、老齢の幹部につく「担当看護員」という制度が設けられた。「担当看護員」は、老齢となった「革命一世代」の幹部の身の回りの世話をしたり、健康管理をしていた。幹部が行く先には必ず随行する義務と責任を負っていた。七〇年代後半になってこの制度を廃止したのが金正日だ。そして金正日はその代わりとして「記述書記」制度を導入したのである。

彼女たちは前述した労働党「5課対象」合格者である地方から選抜された二十歳未満の若い女性で、事前に一定の接待教育、常識的な医学知識、健康管理法、言語礼節の教育を受けてランク別に配属されていた。基礎任務は幹部の執務室の隣にある「記述員室」に常駐し、電話応対や訪問客の接待、お茶やコーヒーを出したり、幹部の外出時の服装チェック、健康管理までさまざまな身の回りの世話をする。一種の個人秘書のようなものであると理解すればいいと思う。高級官僚たちの妻よりも、外での仕事内容や私生活は、この「記述書記」が詳しく知っているのだ。

「記述書記」は地方のみならず外国への出張時も同行する。そして同じ部屋で寝ることが義務づけられている。常識的に考えると淫蕩行為の極みだが、彼らにはそれなりの言い分がある。老いた幹部が夜中に突如体調を崩した場合の応急手当のためだ。例えば脳溢血、心臓麻痺、心筋梗塞など、即時対応しなければならない疾病に備え、同じ部屋で寝るという理由だ。それが「記述書記」の基本任務のうち必要不可欠なものになっていた。ただ、それ以上の内幕がどうなっているのかは、読者の想像や判断にお任せする。

もし人権が尊重される日本社会で総理大臣や高級官僚が、もしくは都道府県知事がそのような淫蕩行為を合法化したら、すぐに特大ニュースになり、社会的糾弾をあびせられるだろう。それを口にしただけでも辞任に追い込まれ、実際にやったとしたら法的処罰が下されると思う。北朝鮮の独裁者と権力層は、そのような制度を合法化・義務化したのである。

十代の女子学生を対象にした「美女募集」は、国家的に毎年計画され、行われているが、選抜される学生側も安易な考えで平壌へ行きたがる。幹部の世話をしたり、美味しい食事をしたり、綺麗な洋服を着ていい暮らしが送れるのなら、同級生や同じ年頃の女性の間で羨望の的になる。だから合格すれば誰もが行きたがるのは当然である。

特に地方では社会労働や愛国労働をしても無報酬であるし、生きる希望はない。しかし、平壌の幹部の書記になれば一生豪華な生活ができる。地方の女子学生は、職もなく苦労するなら平壌に行くのが一番の上策だと話している。

ちなみに5課対象は、女性ばかりではない。背が高く、眉目秀麗な男子であれば、ホテルや高級レストランのドアマンや給仕、高級料理の調理人となり、いずれは支配人として外国に出店する機会もある。

私は娘が対象になるまで、中央党5課の噂を幾度か耳にしたことはあった。ただ、特段の関心はなかった。しかし娘が5課対象として学校で面接を受けた直後に除外されたので、一体5課とは何をしているのか気になり、その方面に詳しいある女性から未知の世界を聞いたのだった。その女性は清津芸術専門学校一年生（十九歳）の時に選抜され、五年間「記述書記」を経て二十四歳で平壌の市党幹部の息子と結婚させられ、一男一女の母になった。一度故郷の父母に会いに来た時に、内緒話として聞かせてくれたのである。「記述書記」は二十三歳で辞めなければならない。そして機密厳守のため、指定された社労青（社会主義労働青年同盟）の幹部と結婚せざるをえなかったという。

女性たちは一生に一度でいいから平壌に行き、高位の青年と出会って楽な生活をしてみたい、外国にも行ってみたいと願っていた。まさか年寄りの幹部の侍女や情婦のような生活を強要されるという深い内情までは知らなかった。だから誰もが5課の選抜対象になることを願っていた。

ただ、内部事情を知っていても率先して手を挙げる女性もいるだろう。一般社会では結婚後の女性がどれだけ苦労するか彼女たちの年齢になれば知っていた。それが目に見えているから、決断するにあたって戸惑うことはなかったかもしれない。

第五章　私の見たソ連邦（一九八二年）

北朝鮮で聴いた音楽と外国へのあこがれ

金日成と金正日は、いずれも音楽、それもクラシック音楽が大好きだった。これは北朝鮮で、私が直接この耳で聞いた体験から断言できることだ。

まず、金日成はラヴェルの「ボレロ」、金正日はリストの「ハンガリー狂想曲」が好きだったはずだ。なぜ私がこう言い切れるかというと、この曲をそれぞれ、北朝鮮のポチョンボ楽団が、この二曲を、それぞれの独裁者のために見事に演奏しているのを何度も聴いているからだ。

ポチョンボ楽団はご存知のように、一九八〇年代に結成された、ギター、ベース、ドラム、サックス、ピアノ、シンセサイザーなどによるいわゆる電気楽器の楽団だけれども、彼らはこの曲を、それがお気に入りの独裁者のために、アレンジして見事な技術で演奏した。この楽団が、日本の曲を、それも完ぺきな発声、発音で演奏したこともある。瀬戸の花嫁とか、みちづれとか、やはり金日成、金正日の聴かせるために特訓したのだろうけど、今の日本人歌手でもあそこまできれいな日本語では歌えないと思う。今思うと、金正日の妻が帰国者の金英姫だったこととの影響もきっとあったのだろう。

それから北朝鮮で何度も何度も聴いたのは、ポール・モーリアの「オリーブの首飾り」これは新体操の演技の時は必ずと言っていいほど使われていた。

北朝鮮の音楽というと、みなさんは、金日成、金正日をたたえる歌や、共産主義を礼賛するような音楽しか思い浮かばないかもしれない。しかし私は思うのだが、金日成も金正日も、本当はああいう音楽よりも、もっと正統派のクラシックとかが好きだったはずだ。それは、旧ソ連をはじめ、ヨーロッパの音楽家がしばしば北朝鮮に訪れてコンサートを開いていたことからも感じる。

一九八〇年代だったと思うが、ウイーン少年合唱団が公演したこともあった。ボーイ・ソプラノがあまりに美しく、これも忘れられない公演だったけれど、その合唱団の中に、明らかにアジア系、あれは日本人なのか、韓国人なのかわからないけれど、そういう顔の少年が一人いたことは鮮明に覚えている。そして、その曲目の中で、日本の「この道」がうたわれたとき、私の目から涙がこぼれた。日本の歌がこういうところで、こんなに美しい声で聴くことができた。この感動は、ちょっと帰国者以外の人にはわからないものだと思う。

もちろん、そういうコンサートに行けるのはごくごく限られた人たちだけだ。私自身、何度か、賄賂やコネを使ってコンサート会場に入ったことがあるが、それは今でも忘れられない感動だった。ボリショイ・バレエの公演を見たとき、こんな美しいものがこの世にあるかと思った。日本に来て指揮者の名前を知ったのだけれども、ムラヴィンスキーという指揮者が、レニングラード・フィルハーモニー楽団を連れてピョンヤンで公演をしたとき、ヨハン・シュトラウスの「美しく青きドナウ」が最初に演奏されたのだけれど、その冒頭、バイオリンが響いた時の美しい音は、今でもこの耳に残っている。そして、ショスタコーヴィチの交響曲「レニングラード」。この曲の壮大さ、感動的な響き、私はクラシックの深い知識も素養もないけれども、その場での感動はまさに本物だった。確かコンサートの最初に、ショスタコーヴィチというソ連の大作曲家が最近亡くなりました、という説明があったはずだから、あの公演はたしか一九七五年かその翌年くらいだったはずだと思う（注・ショスタコーヴィチは七五年死去）。

もちろん、こういうコンサートも、本質的にはプロパガンダ、国家としての政治宣伝であり、国民を洗脳するためのものなのだ。外国に向けては、北朝鮮は文化的には開かれています、ヨーロッパの進んだ文化を受け入れていますという。また国民は、日頃の恐怖政治や、いつも誰かに見はられているという密告体制から、せめてこの音楽を聴いている間だけでも解放される。しかも、やはり素晴らしい音楽は人の心を慰め、感動させてくれるから、日頃の矛盾や社会への不満も消えていく。ただ、それはそれとして、金日成も金正日も、北朝鮮の、正直言ってつまらない音楽よりも、はるかに西欧の音楽が好きだったからこそ、こういうコンサートを開いていたこと、そして、それを聞く人たちも、いつでも自由に好きな曲をお店で安く買って聴ける日本や韓国の人たち以上に、真剣に、名曲に感動していたことも事実だと言っておきたい。私はこのような音楽を聴いて、ソ連には北朝鮮よりはるかにすばらしい文化があると思ったし、さらにそのほかの外国に思いをはせた。これが、私がソ連に向けて旅立つことになった原点かもしれない。

金英範との数奇な出会い

一九六八年一月のことだ。米海軍所属のプエブロ号が、北朝鮮軍に元山沖で拿捕された。船長以下、八〇人以上が身柄を拘束され、米軍は原子力空母エンタープライズを北朝鮮近海に展開。金日成は「全面戦争には全面戦争で対抗する」と答え、一触即発の事態になった。

元山や咸興といった東海岸の都市部では、住民を内陸部に疎開させる措置まで取られた。私が住んでいた内陸部にも七〇世帯・二〇〇人以上が疎開してきた。しかし突然のことだったため住居が足りず、多くは零下一〇度から二〇度にもなる寒さの中、駅や公園での野宿を強いられた。疎開させられたのは成分のよくない人たちだった。彼らは疎開という名目で体よく都市部から追い出され、その後も地方に住み続けることになった。

当時私が住んでいた家は、帰国当初にあてがわれた家だった。しかし六人家族ではどうも狭く、父が横の空き地にもう一部屋を増築していた。その父は、一九六八年の時点で他界しており、増築された部屋はあまり使われることなくそのままになっていた。

市の行政部はそこに疎開民を受け入れてくれないかと打診してきた。私はしぶしぶ承諾した。こうして知り合ったのが金英範だ。初対面での印象は色白であか抜けた美男子だった。金英範には看護師の妻と、当時三歳の息子もいた。それからというもの、私と彼は十数年間、物心両面で助け合う関係になった。

元山からの疎開者が私の街に来て約一カ月後、江原道の有力なバレーボール選手だった卓基男、海上ボートレースの選手だった李東旭、サッカー選手の李光徳らと親しくなった。彼らは全員私が働いていた炭鉱の体育部門に配置されたからだ。

彼らのキャリアはすべて金英範から聞いた。なぜなら金英範は、炭鉱に配置された二〇〇人以上の疎開者名簿を持っていたからだ。名簿は江原道の安全部党委員会が作成したもので、各家庭の成分や戸籍情報を網羅していた。江原道の安全部が、私が住むK市の安全部に届けるよう金英範に託したものだった。

同時に金英範のことも、ほかの疎開者から聞いた。金英範は例外の人物であった。ほかの疎開者は成分がよくない動揺階層だったが、金の父親はかつてサハリンにあった炭鉱の有能な技師で、ソ連時代に沿海州の朝鮮人が内陸に強制移住させられたときも、その技術力があったためサハリンにとどまることができた。元山に来てからは機械工場の技師兼副支配人を務めた。

金英範はサハリンで高等技術専門学校を卒業した。母親は彼が九歳のときに病死し、父はロシアの女性と再婚して一男一女を授かった。

一九五八年ごろ、金日成は在日朝鮮人に帰国を呼びかけると同時に、ソ連や中国にいた朝鮮系の住民にも帰還を促した。金英範の父はどうしても祖国で死にたいと、反対する妻と、その間に生まれた子二人を置いてソ連を後にした。先妻との間の息子・英範と娘の英子二人を連れての帰国だった。

金英範は帰国直後、元山にある父と同じ工場で働いていたが、ほどなく平壌外国語大学のロシア語担当教師となった。英子は平壌音楽大学でチェロを学んだ。

将来を嘱望された金英範は、なぜ元山に戻ったのか。それは大学のドイツ語教師と恋仲になってしまったからだ。女性は良家出身の既婚者だった。金英範も教員時代に元山の病院で働く女性と結婚しており、平壌には単身赴任だった。教職にある者の不倫は、北朝鮮では特に厳しく批判される。こうして彼は元山に戻され、機械工場に職を得た。プエブロ号事件発生の三カ月前には工場の青年同盟委員長に任命されていた。

疎開という名目で咸鏡北道の炭鉱地帯であるK市に飛ばされた金英範は、耐火レンガ工場の機械修理工として働いていた。父はその三年前に他界しており、生活は厳しくなる一方だった。悩んだ末に原木伐採工としてシベリアに行って生活を立て直そうと決意したのだった。そのころの北朝鮮住民にとって、シベリアに出稼ぎに行くのは最大の夢だった。しかし、金英範には最大のネックがあった。それは彼がサハリン出身であることだった。言葉もわかり、地理にも明るいということは、それだけ逃亡のリスクが高くなる。実際に逃亡事件も発生していた。

不可能を可能にする唯一の手段は賄賂工作であった。ところが彼には資金がなかった。そこで頼ってきたのが、隣に住む日本からの帰国者だった。

「フレーブをよく味わってくれ」

金英範はある日、私と酒を飲みながらこう言った。

「一生に一度だから、自分を信じて日本円で十万円を貸してくれないか。シベリアに行って三年以内に倍にして返す。頼む。私を助けてくれないか」

金英範は私より四歳年上だった。私は聞いた。

「どうやってお金を倍にするのですか。難しいでしょう」

金英範は説明してくれた。シベリアの山奥にはいろいろな獣がいる。熊やトラの皮は高く売れるがいかんせん大きすぎる。小さくて携帯しやすい麝香《じゃこう》なら、漢方薬として一個最低五万円になる。それを四個くれるというのである。

それでも私は不安だった。首尾よく麝香を手に入れたとしても、売るつてはない。誰かに見咎められるリスクもあった。金英範はここで驚くべき提案をしてきた。中国東北部なら買い手はいくらでもいるというのだ。シベリアからの帰国時には手荷物を厳重に調べられるため、私にソ連まで来てほしいというのだ。出入国時の手配はサハリンに住む異母弟がやってくれるので心配ないと、自信ありげに金英範は言った。

そこまで言われて私も腹が決まった。最後に十万円の使い道を聞いた。五万円は元山市安全部住民登録課の責任者に、もう五万円はK市の住民登録課の職員に渡すということだった。これにはなるほどとうなってしまった。元山で戸籍を偽装し、ソ連出身を元山出身にすれば問題はなくなる。ソ連行きの人選を行う清津の林業代表部にロシア語ができることを伝えれば、作業所の支配人や党秘書の通訳になれるだろう。支配人たちは必ず金英範のような男を求めるに違いない。現地で秘密裏に私腹を肥やすにしても、大学を卒業したての通訳よりも社会経験をつんだ男の方が好都合だ。帰国後も秘密を守ってくれるという安心感もある。

こうして金英範は難なくソ連行きを決めた。最初の手紙が来たのは十カ月後。奥さんが泣きながら我が家に手紙を持ってきてくれた。内容は無事であること、通訳として働いているということだった。サハリンに住む異母弟の住所・氏名・電話番号はロシア語で書かれていた。

再び連絡は途絶えた。労働者の任期は満三年。そろそろ十万円が二十万円分の麝香になって戻ってくるはずだった。そしてあと数カ月で三年になろうというころ、金英範の奥さんに清津から電報が届いた。何でもソ連から帰ってきた労働者が、金英範からの荷物を預かっているというのである。

奥さんが清津の約束の場所に着くと青いソ連製の旅行バッグを持った男がいたという。男は金英範から預かった荷物であることを告げ、一言「中に大きなフレーブ（ソ連のパン）があるので、よく味わってくれ」と付け加えた。ピンときた奥さんは家に戻り、荷を解いた。中にはお菓子や缶詰などが入っていたとうれしそうに私たちに報告を済ませた翌日、息子がやってきた。

「母がお菓子や缶詰を分けると言っています。父からの伝言もあるようです」

一人で家に来た私に、金英範の奥さんは三枚の手紙を差し出した。本当にフレーブの中に隠してあったという。そこには彼の字で私がソ連入りの前に準備すべきこと、入国の際の注意事項、ソ連にいる異母弟の連絡先と待ち合わせ場所などが詳細に書かれていた。

いざソ連行きが現実味を帯びてくると、私はうれしさよりも恐怖感に襲われた。中国東北部に入ったことはあったが、今回は言葉も人種も違う、まったく知らない土地に行くのである。居場所が確保できる確信もなく、いざというときに頼れる知人もいない。ただ、金英範のことは信用していた。現地に到着すれば何とかなるという思いはあった。

私はこうして、一九八二年五月にソ連に行くと決めた。それまでの二カ月間に準備することはたくさんあった。まずは清津の船員クラブと外貨商店で日本円をルーブルに両替した。現地での両替は言葉の面で不安があったし、ＫＧＢの目が光っているかもしれなかった。ちなみに清津で行ったのは、浦港区域にある日本円が使える外貨商店ではなく、松坪区域にある別の店だった。浦港で使えるのは円とドルとポンドだけだった。

家では暇を見つけてロシア語の勉強をした。職場には清津の医大病院に入院すると報告した。そこには帰国当初から親しくしていた金昌奎という男がいた。父は早大卒の在日朝鮮人、母は青山学院大卒の日本人というインテリ家系で、炭鉱町で唯一の東京出身者だった。彼に診断書も作ってもらった。期限は一カ月だった。

ソ連に旅立つ日が来た。最初に会ったのは清津鉄道局の列車編成係の幹部だ。彼に私の目的と金英範の名を告げると、青い封筒を差し出してくれた。最北端の豆満江駅で○○という列車編成の責任指導員に渡して、その人の指示に従うようにということだった。

私が不安げに「この手紙だけで信用してくれますかね」と問うと、その人は「その青い封筒が信用の証だ」と、微笑みながら、それでいて力強い目で私を見返した。豆満江駅で会ったその責任指導員は、背が高くて恰幅のいい四十代の人物だった。その日の夜は彼の家に泊まらせてもらった。二日後にりんごや野菜を載せた貨物列車が出発するから、指定された車両の隅に隠れてソ連に入ってくれと説明された。その日までは、彼が住む大きな一軒家で待った。

二日後の午後八時、私は指定された六両編成の貨物列車に乗り込んだ。人がようやくは入れるくらいのスペースがあり、そこに入ったらりんご箱をずらして覆いを被せ、息を殺して五時間ほど潜んでいるようにと指示された。出発前、懐中電灯の明かりが見え、人が砂利の上を歩く音が聞こえた。点検かと身構えたが、二人の男はしゃべりながら通り過ぎていった。

ガタンと列車が揺れた。出発である。

ついにソ連に入る。

豆満江駅を出て二時間ほどだろうか。列車が止まった。外を見ると、ロシア語で「ハサン」と書いてあった。ここで車輪の入れ替えがあることは事前に聞いていた。スターリンが日本軍の侵攻を防ぐため、レールの幅を変えていた名残である。

私は目的地であるウラジオストクで降りた。夜陰にまぎれて駅の壁を越え、市内に入った。ウラジオストクは想像以上に大きな街だった。持ってきたパンと水でわずかに空腹を紛らわせた後、私は「ガスチニッツァ」と書いてある看板を探した。ホテル、旅館という意味だ。しばらく歩いて駅の近くにあるホテルに入った。カウンターには先客がいたため、私はソファーに座って待った。先客は外国人女性のようだった。彼女のチェックインを見て私は愕然とした。パスポートを提示していたからだ。

私はうろたえた。パスポートなど持っていないからだ。しかし躊躇している時間はない。私は意を決してカウンターの前に進み出た。無愛想な女性が相手だ。

「パジャールスタ」（お願いします）

「アトクーダ、ブイ、プリイェハリー？」（どこから来ましたか？）と質問された。

私は「ユジノサハリンスク」と答えた。サハリン南端のこの町には朝鮮系や日系の人が多く住んでいたし、何よりパスポートの提示が必要なかった。

「スコリコストエトブストキー？」（一泊いくらですか？）

女性は三本指を立てながら「トリッチャッチャロープリー」（三〇〇〇ルーブル）と答えた。

「イエスチーウートロクーシャチ？」（朝食はありますか？）

「イエスチパジヤルスター」（ありますが、宿泊費に含まれています）

私は隙を見て女性に一〇〇ルーブル渡した。女性は初めて「スパシーバ」（ありがとう）と言って微笑んでくれた。そこで電話をかけたいと話すと、フロントの隅にある電話ボックスを指差した。

ウラジオストクからサハリンまで電話をかけるとなると、途中で一カ所交換所を経由しないといけない。交換手と話すまでの語学力は私にはなかった。ただ、ホテルからなら交換所を経由せずに全国どこにでもかけられるということだった。

電話口に出たのは老年の女性の声だった。ホテルの女性従業員に手伝ってもらい「アレクセイ・イワノビッチ・キムさんをお願いします」と伝えると、男性が電話口に出た。金英範の異母弟だ。

アレクセイはロシア訛りではあるが簡単な朝鮮語ができた。兄から事前に具体的な連絡が二度あったこと、私のことを一番親しい恩人であるといっていたことなどを教えてもらい、会う時間と場所を決めた。場所はウラジオストクの北、サハリンの西にあるハバロフスク。私はハバロフスクに着いて二日後に、アレクセイと対面した。

当日の待ち合わせ場所は駅近くの公園だったのだが、少し早かったため駅に向かった。そこで思いがけない場面に遭遇した。待合室の片隅に、三、四個の段ボール箱を置いて車座になっているアジア人の集団がいた。話している言葉からして、北朝鮮の労働者であることは間違いなさそうだった。彼らは段ボール箱の中から弁当を取り出して食べていた。

ご飯は白米だった。特別待遇だったのだろう。おかずは白菜のキムチ、大根のキムチ、タラの炒め物、コチュジャンという朝鮮人丸出しの食事であった。あろうことか、彼らは朝から酒をコップについで回し飲みしていた。

楽しそうに食事をしていた彼らに、掃除係の女性が大きな声でわめいた。内容はよくわからなかったが、二言だけ聞き取れた。「セーベルナヤコレア　ラボータエト」（北朝鮮の労働者）、「オーチュンプローホー」（本当に悪い）である。

労働者たちは女性の剣幕にひるむどころか、からかうようにゲラゲラ笑って平気そうなそぶりだった。女性が呆れ顔でその場を立ち去った後、責任者と思われる男性がやってきて「早く食べて外に集合しろ」と命じた。

彼らが立ち去った後、私はなんとも恥ずかしい気持ちになった。それと同時に彼らが笑顔である理由も理解できた。外国に来たという誇り、ある程度の自由を享受している開放感、家族に送金できる幸せもあったと思う。

待ち合わせまではまだ一時間ほどあった。私は公園に向かった。大きな銅像の前には楽器を演奏する一団がいた。ロシア民謡「カリンカ」の軽快なリズムに誘われ、大柄な男性とワンピースを着て頭にスカーフを巻いた女性がペアになって踊りだした。両手を組んで踊る彼らを見た周囲の人は、男女関係なくペアを作って輪になった。

曲が盛り上がってくると、踊っていた人たちは「ハイ！　ハイ！」と叫びはじめた。私も思わず手をたたいていた。以前からソ連人はスポーツや芸術が好きとは聞いていたが、実際に目の当たりにしたのはそれが最初だった。それまで知らない関係であっても音楽が流れるとみながひとつの心になって楽しむのは美しい風習だと思った。

ある男性がソロで歌いはじめると、バイヤンアコーディオンの奏者が即興で合わせて拍手喝采を浴びた。バス停でも同じだった。ソ連のバス停では長時間待たされることが多い。一人が歌いだすと誰かがそこに加わり、数分後には高音と低音の美しいハーモニーが生まれる。待ち時間を無意味にすごさず、楽しむことを知っている賢い民族だと思った。命令されて歌う北朝鮮とは違い、芸術を自発的かつ自然に生活に溶け込ませ、心を癒しているのだろうと思った。

アレクセイ・ニコライ・イワノビッチ・キム

アレクセイ・ニコライ・イワノビッチ・キムは、色白でがっちりとした体格の好青年だった。背丈は私よりも頭ひとつ高かった。年齢は三十代の前半かそれ以下に見えた。

私たちは近くのレストランに入った。アレクセイは私にいくつかの注意事項を伝えた。①当分は韓国から親戚訪問に来たと話すこと、②黒い帽子、黒いコート、黒いネクタイの体格のいい男とは目を合わせないこと、③ルールや法は守ること、④人や建物をじろじろ見ないこと。アレクセイが恐れていたのはKGBだ。KGBは特に外国人には特別警戒しているという。アレクセイは、何か疑問があってもむやみに地元の人には話しかけず、自分に聞くようにといった。

アレクセイは家族のことを話してくれた。父は朝鮮人で、同じく朝鮮人だった先妻との間に生まれた英範と英子という兄と姉がおり、後妻となったソ連人の母との間にアレクセイ、その下に妹がいた。朝鮮語は父から教えてもらった。父や兄と話すときは朝鮮語を使った。

父は教育に厳しい人だったという。対照的に母は優しく、料理上手だと自慢していた。母は数学教師で、子どもたちがやりたいことをさせようとした。まさに「厳父慈母」の家庭であった。

レストランで食べた初めてのロシア料理は、フレーブ（パン）、ボルシチ、ブタの脂肪の塩漬け、それを野菜と混ぜたサラダ、そしてウォッカである。ブタ肉の塩漬けは、ウォッカとよく合った。

驚いたのは、食卓に置かれた黒パンがおかわり自由だったことだ。同じ社会主義国なのに、北朝鮮とは別世界だった。ソ連では、今のウクライナで多くの小麦がとれた。なので小麦やライ麦から作る黒パンはサービスとして出されることが多いのだという。

アレクセイの話では、北朝鮮の労働者は食堂で一番安い食事を頼み、黒パンをありったけ持って帰ってしまうのだという。集団でやってきて、店中の黒パンを持って帰ってしまうこともあるとアレクセイは笑っていたが、私はとても恥ずかしい気持ちになった。アレクセイによると、黒パンは数日したらブタのえさになるという。もったいない気もしたが「どうせブタも人間の口に入るのですから」という。アジア人にはないおおらかで大雑把な考えだった。

金英範の事業所は、遠く離れたバイカル湖の近く、イルクーツクというところにあった。当時シベリアには、北朝鮮の林業代表部が三カ所あった。ハバロフスクからイルクーツクまでは鉄道で二日半。車窓からはアムール川が見えた。海かと思うほどの大河であった。寝台車だったので寝転んだり起き上がったり、気楽な旅であった。途中二回検札があったが、乗車券を見せて終わった。アレクセイが横にいたのでスムーズだったのだ。

こうして三日目、イルクーツクの駅に着いた。そこで待っていた金英範と久しぶりの再会をはたした。彼は車に乗って一人で来ていた。代表部の通訳官といえば、支配人（最高責任者）や党書記の直属下に置かれ、外出は二人の許可がなければできなかった。

しかし、四年近くの生活で成果をあげながら信頼を築き、上司の秘密財産作りにも協力してきた金英範である。「サハリンから来たロシア人の友人とカレイスキー（韓国・朝鮮系住民）の友人を十日ほど観光案内したい」という申し出が断られることはなかった。もちろん緊急時には帰らなければならないことにはなっていた。通訳はもう一人いたらしいのだが、外国語大学を卒業したばかりの若者で、ロシア側の役人との重要な商談には連れて行けないのだという。

私たちは金英範が乗ってきたソ連の自動車「ヴォルガ」に乗り込み、一路バイカル湖へ向かった。真っ赤な夕日の中に何軒かの家が見えた。こんな場所にも人が住んでいるのかと思ったが、バイカル湖畔の別荘で余暇をすごす観光客の家だった。金英範はそのうちの一軒に私たちを招き入れてくれた。友人の別荘だそうで、金英範が事前に友人に二日間貸してほしいと頼んでいたのだという。

彼は言った。

「もともとソ連人は朝鮮人みたいにケチではない。一度信頼関係を結べば車でもオートバイでも貸してくれる。金を貸して返してもらえなくても、相手が本当に困っている様子だったらあげたつもりで『もう返さなくていい』と言ってそれ以上催促しない。その半面、他人の物でも自分が欲しくなったら素直に言う」

私たちは持ってきた食材で簡単に食事を済ませ、湖畔に行った。所々で家族連れや友人同士のグループ、カップルが思い思い楽しんでいた。おしゃべりをしたり音楽をかけたり、あるいは踊ったり、同じ社会主義国でも北朝鮮よりもはるかに開放的な雰囲気だった。

金英範はおもむろに近くにいた若者たちのグループに近づき、何か言葉を交わした。するとその中の一人が酒瓶を差し出した。金英範が一口飲んで酒を返すと、今後は女性が焼いた肉を口に入れてあげるのが見えた。私たちのところに戻ってきた英範がいうには、彼は最近ソ連人の女性に振られたので慰めてほしいと言ったそうだ。そう話した英範にソ連人がどのような態度をとるのか、わざわざ私に見せてくれたのである。英範は、家族が北朝鮮にいなければソ連に戻りたいと言っていた。父と一緒に元山に行ったことが最も悔やまれるとも話していた。

二日目は湖でサケを釣り、森でブルーベリーを採って食べた。少し見ただけだが、本当に豊かな土地だった。ちなみに、北朝鮮の労働者は休みの日にブルーベリーを採ってジャムにし、地元の人に売って小銭を稼いでいるとのことだったが、その日は彼らの姿はなかった。

バイカル湖で釣ったサケを焼き、夕食を済ませた後、金英範は私たちに北朝鮮労働者の労働環境について教えてくれた。彼らの多くが伐木作業を行っていることは以前にも触れた。しかしもともと技能があったわけでもなく、一方で厳しいノルマを課せられた彼らは、命にかかわる事故をたびたび起こしていたという。

切り倒した木の下敷きになる者、材木をトレーラーで運搬中にスリップ事故で命を落とす者、労働者同士のケンカで殺されてしまう者…。彼らの遺体は作業場でドラム缶に入れられ、ガソリンをかけて燃やされてしまう。その時の臭いは何ともいえないものだという。焼却作業は一晩中かかる。まともな精神状態ではできないので、ウォッカをラッパ飲みしてニンニクをかじりながら作業するそうだ。それでも効き目は薄く、防寒着に着いた臭いもとれない。なので、最後は防寒着も一緒に燃やしてしまうのだという。

翌朝になって白骨を取り出す。燃え残った肉は、あろうことか食事に使うフォークで削り落とし、骨を箱に詰める。遺体を燃やすのは、シベリアでは凍土のため埋葬できず、埋めたとしても腐食しづらいからということだった。

伐木作業では、ソ連側が重機などを貸し出す。北朝鮮側が用意するのは労働力だけだ。報酬はソ連六に対して北朝鮮は四。北朝鮮はソ連に足元を見られ、北朝鮮の労働者は自国の幹部から搾取されていた。それでも北朝鮮にいるよりも稼げるのである。

ソ連人の生活

バイカル湖畔を後にした私たちは、イルクーツクで車を返して鉄道で東に向かった。最終目的地はサハリンだ。途中、チタで下車した。アレクセイの母の妹宅に泊めてもらうためだ。駅前にはレーニンの銅像があった。ハバロフスクの広場にもあったものだ。高さは六メートルほど。北朝鮮はこれをまねて個人崇拝のための銅像を作ったに違いない。ただ、北朝鮮人のように胸に首領様のバッジをつけた人はソ連にはいなかった。

アレクセイの叔母は夫と双子の娘との四人暮らしで、家はコンクリート造りの二階建てだった。家具は最低限のものしか置いていなかったが、貧しいというよりシンプルな印象だった。

アレクセイの叔母は、私が南朝鮮人であると名乗ると、笑顔を見せてくれた。

実は以前、北朝鮮の労働者二人が突然家に来て、空腹なので食糧をめぐんでほしいと懇願したそうだ。かわいそうに思った彼女は食事を与え、彼らを帰した。ソ連人は客人を見送る際、玄関のドアまで行く習慣がない。そこを狙われ、靴や洗濯物を盗まれた。それ以来、アレクセイの叔母は北朝鮮人を毛嫌いするようになった。

ソ連で驚かされたことはいくつもあった。そのうち印象に残っていることを簡潔に書きたい。

一つはバイカル湖からイルクーツクに戻る途中のこと。ビールをたくさん飲んだ私は、道端で小便をした。するとアレクセイが私を呼んだ。何かと思っていってみると、アレクセイが指さす十メートルほど先の木の枝に、男性用の青いシャツがかけてあった。それが何を意味するのか、英範が教えてくれた。

「ソ連人は男女が出会って仲良くなると、草むらでも性行為を始めてしまうんだよ。ハンカチや服が木の枝にかけてあったら、『これ以上近づくな』という意味だ」

私は「そんな大雑把なセックスがどこにありますか！」と言い、三人で大笑いしながら車に戻った。

もう一つが、精神構造である。シベリアにはところどころに自然公園があり、来場者に注意を促す看板が立てられている。ソ連はその内容が変わっていた。

「ソ連人は世界一の自然保護者、愛国者です！」、「ソ連人は公衆道徳を守り、秩序を守るのが第一の美徳です」といった内容だ。ほかの国なら「立ち入り禁止」、「枝を折るな」、「ゴミを捨てるな」という直截的な表現になっていただろう。良心に呼びかけるようなやり方に衝撃を受けた。もし私がソ連に一年も住んでいたら、もっと多くの異文化に触れることができただろう。

コムソモリスク・ナ・アムーレ駅で乗り換え、私たちはソビエツカヤガバニに向かった。アムール川にかかる鉄橋を渡ったが、川というより海のようだった。ソビエツカヤガバニから船に乗って約二時間。ついにサハリンの玄関口であるトマリ港に降り立った。そこから目指すユジノサハリンスクまではバスで向かった。

ユジノサハリンスクは当時、最高で十階建てほどのビルしかない街だった。そこで三日間、アレクセイの家に泊めてもらった。金英範にとっては継母にあたるアレクセイの母は、私を受け入れてくれた。最初は不愛想なようだったが、客に対して無理に気を使わないというだけであった。内心は温かい人に違いなかった。

サハリンを発つ前日、英範はマッチ箱ほどの大きさの箱に入った七つの麝香をくれた。麝香は香りが強すぎるため、アルミの板やロウなどで幾重にも包まれていた。ハンダ付けまでしてあったが、鼻を近づけるとかすかに独特の匂いが漏れていた。英範は「これくらい匂わないと偽物だ」と言っていた。

金英範は、ソ連の密猟者から麝香を手に入れたという。対価として渡したのが北朝鮮製の麻薬だ。麻薬は、北朝鮮から送られてくる酒やたばこ、野菜の中に隠して送られてくる。それを横流しして、密猟者に渡したのだ。こうするには代表部の支配人・党書記・担当保衛員・通訳官の四人が互いに目をつぶって口をふさがないとできない。金英範だからできたことだった。

帰還

北朝鮮に戻ることになった。だが、行きと同じルートは使えない。私は中国の内蒙古を経由するルートを選択した。ハバロフスクまでは元来た道だったが、そこから南下せず、西にルートをとった。まず向かうのはネルチンスク。そこから南下して中ソ蒙の国境に近いボルジャに着いた。街の住人の半分はモンゴル系かタタール系というところだった。

私には金英範が同行してくれていた。英範は馬の市場に行こうと提案した。馬の売り買いをしている場所には現金を必要としている人がいるはずという判断だった。私はそこで三十代くらいの男性に声をかけ、酒を飲ませて食事をさせた。そこで食べた羊の串焼きはとてもおいしかった。

私は中ソ国境を流れるアルグン川を渡って中国に入るつもりだった。その地域の住民は副業で漁業を営んでいる人が多く、私が声をかけた男も小さいながら船を持っていた。まさに渡りに船。男に事情を話すと、カネ次第で安全に渡してやると承諾してくれた。そこで私は五〇〇ルーブルと麻薬一〇〇グラムを差し出した。男は喜んだ様子だったので、私はもう一つ頼みごとをした。ルーブルから人民元への両替だ。男はしばらくするとモンゴル系の五十代と思しき女性を連れてきた。女性は五〇〇〇ルーブルで一〇〇〇元という破格のレートを提示した。私は中国人の両替商では吹っ掛けられるとみていた。比較的正直なモンゴル系を選んで正解だった。

翌日早朝、私はモーターのついた小船に乗せてもらった。川幅は約三〇〇メートルあったが、音が出るとまずいので手漕ぎで対岸に向かった。金英範は私が川の中ほどに達するまで両手を振りながら見送ってくれた。対岸は湿地帯で、泥と一時間ほど格闘しながら低い丘の上に出た。そこにはさびた鉄条網があり、その先に軍用道路があった。

漁師の男はスコップで鉄条網の下を掘り、身振りで私にくぐるように促した。くぐって反対側に出ると、「こっちに進め」と言わんばかりに、男から向かって右側を指した。私は両手を振り上げて謝意を伝え、道を歩きはじめた。三十分ほどで小さな街に出た。

私はまず、そこで服から鞄、スニーカーまですべてを中国のものに買い替えた。バス停で市の中心部に向かうバスを拾い、そこからハイラル、チチハルを経由してハルビンまで行くバスに乗った。鉄道もあったがバスを使った。ハルビンまで高速バスで八時間の道のりだった。

そのバスの中で思いがけない光景に出くわした。途中のバス停で年の離れた女性二人が乗り込んできて、私の前の席に座った。ハルビン市内に入ろうかというとき、一人の太った警官が乗り込んできて抜き打ちの調査を始めた。私の席は最後列だったが、前の女性二人の慌てようは手に取るようにわかった。何せおにぎりを包んでいた「黒竜江日報」という新聞を上下さかさまに広げて読んでいるように装ったのである。私はとっさに新聞を取り上げて、正しい向きにして返した。幸いなことに警官はバスの中ほどまで来て乗客を見回すと、踵を返してバスを降りていった。

バスはハルビン駅の近くで停車した。私は先に降りた二人を追いかけて呼び止めた。

「北から来た人でしょう?」

単刀直入な質問に、女性二人は互いに顔を見合わせて驚いた様子だった。年長の女性が「はいそうです。どうして見分けましたか。北から来た方ですか」と問い返してきた。私は「あなた方がバスに乗ってきたときから何となくそうではないかと思っていました。警官が入ってきたときに慌てて新聞を逆さにしたのを見て、漢字がわからないからだと確信しました」と答えた。私は彼女たちを食事に誘い、中国まで来た事情を聞こうとした。最初は遠慮していたが、私はピンと来た。「お金のことは心配しないでください。私がご馳走します」というと、事情を話してくれた。

彼女たちはハイラルに住む親族を訪ねた帰り道だった。食糧をもらうために行ったが門前払いされたのだという。お願いしたのはそれが四回目だったというから仕方ないだろう。故郷は中朝国境近くの茂山。私が住むK市とは近かった。女性は夫に先立たれたこと、子どもが四人いることなどを話してくれた。私は気の毒に思えて一〇〇元を渡した。二人は腰が折れるのではないかと思うほどお礼をしてくれたのであった。

麝香《じゃこう》を現金に

ひょんなことから北朝鮮の女性二人を助けてしまったが、私にはまだすべきことが残っていた。麝香を漢方医に売って現金を手に入れることである。私は買い取ってくれそうな漢方医を探そうと、市内を歩き回った。しかし見つかったのは「中医薬専門医院」と書かれた看板ばかりで、ハングルで書かれたものは一日かけても見つからなかった。

私は考えたあげく、駅前で新聞を買い、広告を見ながら漢方医を探すことにした。そこで見つけたのが朴という主任がいる買取店である。私はすぐさま店に電話をかけて約束を取り付け、交渉に臨んだ。朴はやはり朝鮮族だった。彼は私が持ち込んだ麝香の匂いを嗅いだり溶剤に溶かして調べたりしてこう言った。

「これは確かに本物だが、雲南省でとれるものよりは質が落ちる」

買いたたこうという考えは手に取るようにわかった。なので私は「だったら吉林省まで行って売るしかない」と返した。朴主任は「せっかくここまで来たのだから、お茶でも飲んで決断してくれないか」と粘ってきた。

交渉の結果、麝香一つにつき五〇〇〇元で手を打つことになった。七個だから合計で三万五〇〇〇元。日本円にして五十万円弱になった。日本に来て専門医に聞いてみたところ、私が手に入れた麝香は安くても一個十数万円はするのではないかということだった。結局適正価格の半額で手放すことになってしまったのだが、私は後悔していない。麝香のおかげで生涯忘れることのできない体験をさせてもらったからである。私はソ連で体験したことや決断した勇気を今も誇らしく思っている。

私は現金を持って北朝鮮に戻った。金英範とは、麝香三個分の現金は彼の家族に渡してくれとの約束をしていたので、その分を届けた。余った金で買ったのはソ連製のオートバイ「ウラル」だった。三年ほど乗っていたが、その後は海州に住んでいた甥に譲った。

金英範に貸した十万円は、結局その倍以上になって返ってきた。英範の家族に約束した分の現金を渡し、バイクを買って残った金の一部は、海外に出て留守をしていた私を見逃してくれた地域の担当保衛員に握らせた。

第六章　政治犯収容所の解体工事（一九九一年）

大打撃となった東欧の崩壊

坂道を転げ落ちるように悪化していった北朝鮮の経済だが、そこに追い打ちをかけたのが東欧の社会主義国の相次ぐ崩壊である。

一九八五年ごろから当時のソ連では「ペレストロイカ」が進んでいた。その過程で、ソ連が北朝鮮に対して行っていた無償同然の経済援助も中断。「欲しいなら金を出せ」という状況に変わってしまった。

ゴルバチョフは、当時の党大会でこのように発言したという。

「レーニンがソビエト国家を創設して現在に至る七十三年間『社会主義国家建設』という実験室であり、その実験は完全に失敗した。誇大妄想であった」

この重大発言を私は、ひそかに韓国のラジオ放送で聞いた。そして八九年十一月には、ドイツのベルリンの壁が打ち砕かれるのである。

東ドイツは、西ドイツに吸収統一された。東ドイツの国家評議会議長を務めたエーリッヒ・ホーネッカーは失脚して海外に逃亡。八九年十二月二十五日にはルーマニアの独裁者、ニコラエ・チャウシェスクとその妻が、民衆と軍隊の蜂起により逮捕され、軍事裁判によって即刻射殺された。ゴルバチョフの発言は的中し、証明されたのである。

誰も予想もしていなかった驚異的な事変であった。社会主義陣営の中心にあったソ連の崩壊に歩調を合わせるように、ハンガリー、チェコスロバキア、ルーマニア、アルバニア、ブルガリア、ポーランドなど、東欧の社会主義国家は資本主義体制に変わっていった。東欧の社会主義国家の相次ぐ〝寝返り〟は、彼らの友好国であった北朝鮮の独裁指導者父子をパニックに落としいれた。彼らが受けた衝撃は、甚大なものだっただろう。

東欧の社会主義国の相次ぐ崩壊は、北朝鮮にとって経済的な打撃になっただけでなく、外交上の痛手にもなった。ソ連は一九九〇年九月、北朝鮮の最大の敵国であった韓国と国交を樹立。崩壊した東欧諸国もソ連の後に続いた。韓国ではその偉業を「北方政策の大成功」と自慢していた。一九九二年には中国までも韓国と国交を結んだ。これは北朝鮮では秘密とされた。

私は一人、心の中で「どうだ。ざまあみろ！」と金父子をあざけ笑った。そして「お前らも近々ルーマニアのチャウシェスクのように、悲惨な運命をたどるときがくるに違いない」と思った。そして、それが現実に起こると期待した。もうこの生き地獄のような社会が一刻も早く崩壊することを心の中から祈っていた。

だが、危機は金父子より先に住民を襲った。生命線となっていた重油・小麦・機械類・重要部品の輸入はストップし、食糧難も発生した。工場の操業は止まり、配給制度は機能を失った。

金日成はそのような局面を打開するため、一九九〇年五月の最高人民会議で「国防委員会」

を中央人民委員会から分離し、独立機関に格上げした。それまでなかったほど、強大な権力を誇る特権組織であった。国防委員会の権限強化は、従来の党権や政治方式とは異なり、軍部による無限の権力、つまり軍権で国家の治安と秩序を維持する目的があったと思われる。

このような国際情勢の急変により、国内の住民統制と思想動向の監視はより一層強化された。職場では本職よりも、政治学習や国際情勢講演が優先されるようになった。プロパガンダ映画も上映された。これらは「映画文献学習」と呼ばれ、欠席者は厳しい批判を受けた。

講師を招いて講演会も開かれた。ソ連のゴルバチョフ党書記を「社会主義を投げ捨てた社会主義の裏切り者である」と、どの講師も口を揃えて批判と罵倒を繰り返していた。

北朝鮮は無理やりにでも「敵」を作り、経済破綻や食糧難をアメリカ・韓国・日本のせいにしていた。そこに〝寝返り〟したソ連や東欧諸国も入ったのである。外部に敵を作ることにより、生活苦から生じる住民の不満を帝国主義や社会主義の「裏切り者」のせいだと転嫁し、不平不満をその「敵」に向けさせたのだ。ただ、中国への批判はなかった。援助が続いていたからである。

政治犯収容所に入る（「咸鏡北道K市党員突撃隊」と呼んでいた）

一九九一年四月ごろだったと記憶している。当時私は、社会安全部傘下の「革命戦跡地踏査管理所」で働いていた。革命戦跡地踏査管理所は、犯罪などを取り締まる安全部の傘下ではあるものの、主な仕事は全国四カ所にある踏査地の管理・運営である。月に一回ほどの頻度で、各地にある安全部から、十人に満たない程度のグループが「革命戦跡地」に送られてくる。彼らは革命戦跡地で見聞きした内容をほかの職員に伝えるのである。管理所はガイドや施設の保守・点検を行っていた。そのため人民軍所属の第七総局工兵部隊の軍人も勤務していた。

革命戦跡地踏査管理所の安全員は、一般の安全部よりも階級が高かった。少尉は運転手の四人だけで、ほかの指導員は中尉から中佐の階級章をつけていた。所長は大佐であった。

施設も立派であった。食堂や宿泊施設も備わっている建物は三階建てで、屠殺場や倉庫もあった。運動場も併設されていた。私は友人の紹介でそこに職を得たのだが、以前炭鉱で培った旋盤や修理、溶接の技術が評価されたことも一因だった。管理所には車や機材を修理する工場や製材所があったためだ。

私のような非役人は、一年ごとに別の労務者と交代となり、主要建設部門に配置される制度になっていた。そこで一年間の仕事を終えれば、再び管理所に復職するのである。私は九一年の四月ごろに、咸鏡北道鏡城郡の管轄区域にある政治犯収容所に派遣された。任務はその解体であった。しかし出発する前までは、鏡城郡から三池淵郡まで続く山間部の道路工事に行くと知らされていた。

出発当日、市行政委員会の中庭に集合した一二〇人ほどの作業員は、その場で三つのグループに分けられた。各グループは軍隊式に「中隊」と呼ばれることになった。国家的な建設事業に動員される際は、「〇〇組」、「〇〇班」ではなく、必ず軍隊式の指揮体系に編成されるのが常だった。中隊の下に小隊、その下に分隊が置かれた。

鏡城郡は、咸鏡北道の道都である清津市の南に隣接しており、清津市南部の羅南という町には朝鮮人民軍第六軍団の本部が置かれていた。かつて日本帝国陸軍の第十九師団（歩兵師団）が本部を置いた地でもある。つまり、軍事的な要衝であった。羅南には、九〇年代に道党責任秘書だった姜成山が金日成の承諾を得て作ったアヘン工場があった。この工場で精製されたアヘンは、外国に密売されていたという。

鏡城郡はその昔、朱乙と呼ばれ、七〇年代に鏡城と改められた。朱乙とはかつて朝鮮半島の東北部を占領統治していた女真族の命名であるためだ。

朱乙は「南方の住みよい場所」という意味だったようで、確かに半島北部の咸鏡北道にしては温暖で、塩分津と呼ばれる景勝地付近では魚もよく獲れ、山に入れば陶磁器作りに適した粘土が手に入る土地だった。朱乙といえば何よりも温泉で、金日成の「特閣」（別荘）があった。

そのため特閣までの道路は舗装されていたのだが、そこから先は道幅も狭く、未舗装のでこぼこ道になった。

トラックに激しく揺られて約三時間半後、目的地近くに着いた。私たちを出迎えたのは、私服姿の道保衛部の指導員六人だった。その場で指導員からの訓示があり、工事が終わるまでは一切の自由行動が禁じられた。また、工事現場で見たことや聞いたことは、口外禁止であるという点も強く言いつけられた。道路工事中は必要な個所以外の草木を取ってはならず、自然の景観を最大限に保存することも命令された。ところが工事の途中、ある中隊長が残すように言われていた老松を、邪魔であるとの理由で切ってしまった。中隊長の姿は数日後、どこかに消えてしまった。この工事が特別重要な任務であると、そのとき気づいた。

集合地点から徒歩五分ほどの場所に、かつて管理所の保衛部員や警備員たちが使っていた約四十棟の平屋住宅があった。一棟に二世帯入ることができた。合同の食堂も指定された。起床は六時、それから身支度と食事を済ませて七時からの三十分間は国内外の情勢学習や思想教育に当てられた。それが終わると三十分かけて現場まで移動し、八時から十二時までが午前中の作業、午後一時半までは下山して食事、その後再び山を登って二時から六時までが午後の作業時間だった。仕事が終わると隊ごとに食事をとり、七時半から九時までは休憩及び娯楽の時間となった。土曜日には生活総和があった。

娯楽時間は、楽器に合わせて指導者同志を賞賛する歌を歌うところから始まる。それが終わると分隊ごとに分かれて指名された人が独唱をする流れになった。体調のすぐれない作業者を無理やり引きずり出してくることはなかったが、作業で疲れているはずの隊員からは不平・不満の声は聞かれなかった。生まれた時からこうした集団生活や強制動員作業が習慣になってしまっているからだと見受けられた。今考えてみると、北朝鮮の人たちはほかの国の人たちと同じく、音楽や芸術を好む楽観的な民族性を持っているともいえるだろう。

ある日のこと、歩いて一時間ほどの場所にある畑からジャガイモを取ってくるよう命じられた。汗だくになって着いた場所は、学校の運動場の五十倍はあろうかという山の中腹の平原だった。目の前にはひときわ高い山があり、指導員の説明では北朝鮮で二番目に高い冠帽峰という山だった。標高は二五〇〇メートルを超えるという。

冠帽峰のふもとには広大なジャガイモ畑が広がっていた。「この畑のジャガイモは共和国で一番おいしい」と指導員は自慢していた。山全体が、ジャガイモ栽培に適した土に覆われているのだという。ジャガイモは政治犯管理収容所の収容者が植えたものだった。

私たちは貯蔵庫から一人五キロのジャガイモを取り出すように言われた。貯蔵庫は土饅頭の下にあった。土饅頭には五十センチ四方の木製の扉があり、開けて中を覗くと、驚くほど広い地下倉庫になっていた。

出入り口からはハシゴで二・五メートルほど下りる。倉庫の幅は約四メートルで中央に幅一メートルの通路があり、両側には木製の五段の棚が並んでいた。奥行きは十メートルほどで、突き当りには直径二十センチくらいの陶器製の円筒が三本外に向かって伸びていた。換気口である。倉庫の入り口付近と奥には温度計と湿度計があった。

棚に並んだジャガイモは、ウサギの頭ほどの大きさだった。私は北朝鮮各地のジャガイモを見て食べてきたが、これほど立派なものを見たのは初めてだった。

冬は零下三十五度にもなる極寒の地だったが、倉庫に貯蔵してあるジャガイモはほとんど凍っていなかった。棚の上の方にいくつか凍って黒く変色したジャガイモがあったが、それは捨てずに別途集めた。凍ったサツマイモなら捨てるしかないが、ジャガイモはすりつぶして水に浸せばでんぷんがとれ、冷麺の材料にできる。本当に貴重な食糧だった。

私は倉庫の中でジャガイモを十五個ほど麻袋に入れた。それだけで五キロは優に超えているようだった。一個四〇〇～五〇〇グラムになる計算だ。

午後の作業を終えた夕食時間、炊事係の女性が一人に一個ずつふかしたジャガイモを配ってくれた。きれいに洗ってあり、見るからにおいしそうだった。皮はほとんどはちきれていて、白い身がのぞいていた。指でつまむとするりとはがれた。味はまさに別格だった。あのおいしさは、いまだに忘れることができない。現物が手に入るなら、ぜひとも多くの人に味わってもらいたい。大げさではなく、日本で売っているジャガイモよりもおいしいと驚かれることだろう。

難工事の連続

肝心の道路工事は困難を極めた。北朝鮮北部の山間地は、四月の末ごろでも地面が凍っている。私たちの居住区は海抜一〇〇〇メートルに満たないところだったが、現場は一二〇〇メートル以上の山中だった。山肌を蛇行するように道を切り開いていく作業はほとんど人力で、汗だくになりながら木を切り根を掘り起こし、岩を取り除きながら進めていった。どうしても人力でできないところだけ道路管理局の専門家に相談して発破作業を行ったが、まさに人間と自然との闘いであった。

地面を二十センチも掘れば、その下は凍土である。凍土をツルハシで叩くと、凍った土が飛び散って顔にあたり、血を流すことは珍しくなかった。当時作業にあたった全労働者が、一度はそれを経験しているはずだ。そのため凍土が表れると、そこに枯草を積んで火をつける。最低でも二時間は火を絶やしてはならず、それを二メートルおきに行うのだから、工事はなかなか進まなかった。

現地の人が使っていた、岩に穴をあけるための工具がある。太さ三・五センチ、長さ三十センチほどの六角柱で、鋭利な先端部は特別に硬い金属で加工されていた。「イッシャク」と呼ばれるその工具は、どうやら茂山鉱山の技術者から広まったらしい。長さは確かに一尺ほどなので、植民地時代に根付いたものだろう。イッシャクの先端を岩に当て、ハンマーでたたいて砕くという作業は常にあったため、現場には数十本のイッシャクが常備されていた。

道路工事で私たちをもっとも悩ませたのは沢の水だ。水は道路を寸断して土を洗い流してしまう。そのため技師たちは、直径一・五メートルのコンクリート製の土管を地中に埋めて対処した。

悪戦苦闘しながらも工事を始めて二カ月。私たち党員は「特殊作業」にあたることになった。隊の名称は「咸鏡北道K市党員突撃隊」。党員六十八人が中隊となり、その下に三つの小隊、さらにその下に三つの分隊が置かれた。私はそのうち一つの分隊長を任された。安全部の踏査管理所代表だったし、一番の年長者だったからだと思う。

作業は政治犯収容所の解体・整理だった。後ほど聞いたことだが、解体作業に投入された人員は約四〇〇人だったという。全国から作業員が集められていたためだ。党員以外の作業者は、引き続き道路工事をすることになった。

解体される政治犯収容所は、居住区から道路工事の現場とは違う方向にあった。道路は幅五メートルほどの整備された道で、往復は比較的楽だった。歩いて三十分ほど経つと、道の両側に大きな花崗岩が並んでいた。「兄弟岩」と称される岩は十五メートルほどの高さで、上端は平らに削られていた。上端から三メートルほど下には四角形の銃眼が左右と中央の三カ所穿たれていた。

兄弟岩の十メートル先が検問所で、そこから先の収容所の敷地は広大だった。私たちは緩やかな上りになっている自動車道路を二十分ほど進み、トウモロコシ畑に出た。畑の中央には三階建ての比較的大きな建物があった。かつての収容所事務所のようだった。

私たちを出迎えた保衛部の指導員は、具体的な作業現場と作業内容、日程を指示した。中隊長が小隊ごとに作業場を振り分け、第一小隊は養鶏場、第二小隊は養豚場、第三小隊はレンガ工場を三日以内に解体せよということになった。がれきの運搬を含め、更地にするところまでが作業範囲だった。

私が割り当てられたのは養鶏場の解体だったが、どうにか三日で更地にすることができた。養豚場やレンガ工場の解体も計画どおり終わったようだった。私はひと通り解体前の建物を見ていたので、内部の構造を大体覚えている。ニワトリは数千羽以上、ブタは七〜八〇〇匹はいたに違いない。その世話のために昼夜の関係なく働かされていたのではないかと。

宿所では就寝前に、政治犯収容所の中でどのようなことが行われていたかを聞かされることもあった。各地からさまざまな階級・階層の人が集まっていたので、中には兄弟や近い親戚が収容所の管理・運営に携わっていたという人もいた。悲惨な話が多かったこともあり、当時はそれほど深く知ろうとは思わなかった。ただ、政治犯収容所で作られたものは、農畜産物から高級家具に至るまですべてが道の保衛部に渡っていたという。安全部が管理する全国各地の教化所（刑務所）で作られるものは、社会安全部をはじめ各地の安全部に配られるのだった。それだけのものを生産するために、どれだけの政治犯や囚人が、非人間的に酷使され、迫害を受けているか、想像に難くないだろう。

今も脳裏から消えないのは、レンガ工場の跡地で見た光景である。工具倉庫には農工具などが並べられていた。その半分以上が子ども用のものだった。鎌にしろ鍬にしろスコップにしろ、柄の長さは大人用の三分の一くらいだった。

すべての農耕具には焼き印で名前が入っていた。握る部分は楕円形にすり減り、三、四本の指の跡まで残っていた。血のにじんだ後もはっきりと見てとれた。小さな少年少女が、普通の大人では想像もできないほど酷使されていた証であった。周囲の隊員たちは感情を表に出すことはなかった。感想を口に出せばどうなるかは知りつくしていたからだ。当時の北朝鮮では「短い舌をへたに回すと長い首が飛ぶ」といわれていた。そこで作業をしていたであろう子どもたちは、小学校三年生までしか教育を受けられず、簡単な読み書きと計算しかできなかった。思想教育もなかったという。これはどういうわけだろうか。読者の方にも考えていただきたい。

私の結論は次のとおりだ。政治犯収容所に入れられた以上、人間としての権利はない。共和国公民ではなく、家畜や奴隷のように絶対服従し、黙々と働き、酷使されて死んでもかまわないからだ。つまり、人間扱いの対象ではないのだ。私はレンガ工場の光景を思い浮かべると、本当に胸が痛くなる。

醸造工場の解体は数十人の中隊全員で行った。この醸造所で製造された酒は、輸出にも回されたというが、主に保衛部の宴会に出されたようだ。メーカーも商標も見たことのないものだった。醸造所の隣にはビール工場があった。ラベルを見ると機械は東ドイツ製だった。醸造所の解体の次に着手したのがこの工場で、機械類はどこかへ運ばれていった。解体過程で出たゴミは巨大な地下貯蔵庫に放り込み、土に埋めた。

私たちの中隊がそれまで解体していたのは、いわゆる「B区域」にある建物だった。B区域とは、政治犯の主犯の家族が住まわされる区域である。

政治犯収容所には、罪の重さによって家族を含めた親族が入れられる。そこで主犯と家族を分けるのが鉄則だった。主犯が入るのがA区域である。A区域はさらに男女で分けられていた。女性がする作業は軍服の縫製、軍靴の製造、伐採した原木をトラックに載せる作業などだったと聞いた。

ほかの政治犯収容所ではどうかわからないが、この収容所では食事の際に箸もスプーンも使わせなかったという。自殺防止のためだった。

噂によると、その収容所には三万人ほどの政治犯とその家族がいたという。外とは完全に隔離された世界で彼らが虐待や迫害を受けていたと思うと、胸がいっぱいになる。

話によると、六〇年代に北朝鮮の人民武力相だった金昌奉をはじめ、粛清された多くの著名人がそこに監禁されていたという。

A区域の解体

解体作業も大詰めを迎えたある日、一番奥にある「A級政治犯」区域に入った。区域の手前にはB区域と隔てるための遮断所（検問所）があった。周囲には幅四メートル・深さ三メートルほどの堀があり、両側に鉄条網が設置されていた。収容者がいた当時は鉄条網に電気が流れていたというが、私たちが行った時には歩哨兵が三人いただけで、「無断出入り禁止」と書かれた看板もあった。

党員突撃隊による三日間の「解体戦闘」が再び始まった。私の中隊と三つの小隊は、A区域の豚舎と政治犯の住居を解体せよとの命令を下された。それが終わると、次は収容者の居住スペースだ。居住空間は豚小屋とほとんど変わらない大きさだった。地面は一メートルほど掘り下げられており、奥行きは二・五メートル、幅は一・二メートル。床から天井までの高さは約一・八メートルだった。屋根は粗末な垂木の上に樹木や枯葉を乗せ、その上にトウモロコシや麦の茎をかぶせて結わいてあるだけのものだった。B区域の工場の解体に比べればはるかに容易な作業になった。

解体が終わると、一人三〇〇本を一・五メートル間隔でポプラとアカシヤを植えた。ポプラは紙の材料確保、アカシヤは養蜂のために植えられた。ここで生産されたはちみつが全部保衛部員の口に入ると思うと、ばからしくてたまらなかった。

この作業の期間、私は驚くべき体験をした。地面から三十センチほど下の土中に人骨が埋まっていたのだ。どの骨がどの部分かはわからなかったが、あばら骨と大腿骨、そして頭蓋骨だけははっきりとわかった。隣の分隊も、あちこちで人骨が出てきたと騒いでいた。何らかの「違法行為」によって処罰されたに違いないとすぐに察した。その場で殺されたのか、別の場所で殺された後にその場に埋められたのかはわからない。ただ、白い骨はずいぶん前に埋められたもので、黄色がかったものは年数がたっていないものではないかと皆でこそこそ話し合っていた。

小隊長が勇気を出して、現場で指揮をしていた保衛部の指導員に「指導員同志、山の中で土を掘り返していたら人間の骨が何体か出てきました」と報告する形で尋ねた。保衛部の指導員は「悪い奴らだから処分を受けたんだ。気にするな。かえっていい肥料になって苗木がすくすくと育つじゃないか」と平然と答えた。

私は胸の中で、何と冷淡で非人間的なやつなのかと思った。同じ北朝鮮に住む者とはいえ、一般の職場で働いている人間と権力機関に所属している人間とでは思考方式に大きな隔たりがあるのだと気づいた。機関で教育・洗脳された人とは当たり前の話をしても通じないと思う。

しかしさすがに保衛部員も人の子である。収容所内の保衛部員宿舎から小川を隔てて反対側に静養所があった。収容所があった時はそこに一週間交代で休んでいたという。囚人がいつ反乱を起こすかわからないプレッシャー、ミスを犯せば厳しく罰せられるという環境で、彼らの精神的負担は相当なものだったのだろう。

私はその後、以前の道路工事や釣り堀の工事に参加した。釣り堀は上流から流れてくる冷たくてきれいな水を引き込み、金日成や金正日専用のものを作るのだ。そこでは社労青同盟（社会主義労働青年同盟）が先頭となり、作業を行っていた。最終的に水深を一・五メートルにせよとの指示だったので、河の中にいた青年たちの苦闘ぶりは大変なものだった。男性はパンツ一枚、女性は運動服や作業着を着たまま水に入り、最後の方は水に潜って川底を掘った。夏場の六月とはいえ、川の水は冷たい。男女とも、水の中に入るときは悲鳴をあげていた。

さすがに一・五メートルまで掘り下げるのは難しかったため、作業二日目は上流の水を一時的に迂回させるための工事に着手した。三日目に迂回路は完成し、釣り堀前の川の水深は三十センチほどまで下がった。再び川底から砂利をかき出して土塁の上に運び、大きな石にはロープを括りつけて岸に寄せた。どうしても人力でどかすことのできない岩は、発破して砕いた。最終的に釣り堀ができあがったのは十五日後のことだった。

十日に一日は休憩日があった。その日は裏山に登り、山菜を採ってきて夕食のおかずに加えるのである。周囲の山には葛が自生しており、地面を慎重に掘って大きな葛を掘り出したこともあった。その場にいた全員が歓声を上げて喜んだ。葛は生のままおろして食べたり、乾燥して砕いてモチにしたり、チヂミにして食べた。

八月下旬から九月になると松茸やシイタケが採れた。話によると、その山の周辺は昔から一般人の侵入が禁止されており、収容されていた政治犯も松茸狩りなどはできなかった。荒らされていないため、キノコ類が豊富に採れるとのことだった。

特別列車のための鉄道工事

九月の初旬、私たちの中隊にある命令が下った。鏡城駅（咸鏡北道）から約八キロ西で行われているトンネル工事の支援を十日間行えというものだった。平壌と羅先を結ぶ平羅線から支線を引き、トンネルを通して鉄道を通すというのが工事の全体像だった。トンネル工事と鉄道の敷設工事があったが、私たちが任されたのは鉄道工事だった。私たちの中隊は、草むらの上にビニールシートを敷き、毛布一枚で野宿した。

幸いなことに、私たちの中隊には鉄道修理の部門で働いていた人がいた。五人の熟練工を中心に工事を始め、作業は順調に進んだ。ほかの部隊は工程どおりに作業を行わず、工期に間に合わせるためにずさんな仕事ぶりだったので、ひどく批判されていた。何度も工事をやり直さなければならなかったからである。

ほかの鉄道工事と違って、その工事は特別厳しくチェックされた。後でわかったことだが、金日成と金正日を迎え入れるための作業だったからだ。工事の中間に行われた総括では、(咸鏡北道の)党責任副秘書が「最大の技術精密度と忠誠心をもってやれ」と作業員にはっぱをかけていた。

工事には駅の近くや山の向こうにある温泉地帯から多くの人が動員されていた。私たちを支援するための人員である。特に多かったのは女性同盟の人たち(主に主婦)だった。

線路を敷くにはまず、基礎に砂利を敷き、その上に土を盛り上げて土塁を築き、直径四十センチほどの丸太でたたきながら固める。丸太には四本の棒がついており、二人一組になって両手で棒を握り、息を合わせて固めるのだ。ちょうど四本足のタコを逆さにしたような道具なので、日本では「タコ」と呼ばれているらしい。とにかく汗だくになるほどの重労働だった。

女性同盟の人たちはバケツなどの容器に砂利を入れて、それを頭に乗せて土塁の上に運んでいった。若者は担架で砂利や砂を運搬した。土塁の上に敷くのが、よく線路で目にする石だ。これは近所の採石場から持ってきていた。その上に杉でできた枕木を置く。枕木はシベリアから持ち込まれたもので、コールタールが塗られていた。

枕木を運ぶのは社会人の動員部隊だったが、枕木を規則正しく並べてレールを敷き、それをスパイクで打ちつけて固定したのは人民軍第七総局の工兵部隊だった。この部隊は全国の主要建設対象に投入される専門部隊である。とにかく一から十までが人海戦術であった。北朝鮮では無報酬の労働力がいくらでも手に入るのだからどうにかなってしまうのである。

トンネル工事の方は、ほかの市や郡から来た部隊の担当だった。トンネルといっても、普通の鉄道用のトンネルを想像してはいけない。長さ一二〇メートル（計画は四〇〇メートル）・幅四・五メートル・高さ五メートルで、防空壕のような頑丈さで造られた。いざというときには国家元首をはじめとする要員たちの一時退避壕としても使える強度を誇っていた。戦争が起きて艦砲射撃を受けたとしても耐えられるため、特別列車がそのまま岩盤とコンクリートに守られたトンネルに逃げ込めるということである。

またこのトンネルと線路は、最北端に軍需物資を届けるための軍用路線でもあった。東海岸から白頭山の下を通り、いずれは西海岸までつなげるという壮大な国家プロジェクトであるとも聞いた。金日成の死で鉄道のプロジェクトは中断となったが、道路はつながった。

私は政治犯収容所の解体や鉄道建設について公表するのは初めてだ。思い出すのも嫌だったからだ。読者の中には私の話を疑う人もいるかもしれない。無理して信じ込もうとしてほしくもない。ただ、もし近い将来に北朝鮮の現体制が崩壊し、日本や韓国の方々が何の規制もなく北朝鮮に行けるようになったら、今まで私が記してきた場所に行ってみてきてほしい。その場所にはここに書いてある風景や建物の痕跡があると確信をもって言える。同時に、私が当時植えたポプラやアカシヤの木が成長し、立派な森林資源になっていると信じている。

私はこの機会に、当時非常に親しかった帰国者が、政治犯として収容所に入れられたときの話をしたい。私は帰国直後から、同じ炭鉱の町に住んでいた安貴信と、山口県宇部市から帰国した李承哲と意気投合した。三人は同年代で、まさに「三羽烏」だった。李承哲には二十二歳年上の姉がいた。姉は李承哲に遅れること一年後に帰国。配置されたのは、咸鏡南道にある剣徳鉱山だった。剣徳鉱山は、銀やアルミニウム、マグネサイトの産出地だった。外貨獲得源の一大拠点であり、金日成や金正日が大きな関心を寄せている土地でもあった。

李承哲の姉は子だくさんで、上は高校生から幼児まで、八人の息子と二人の娘がいた。一九六六年ごろ、李承哲と二人で姉一家を訪ねた。

李承哲の姉の息子たち、つまり甥っ子はサッカー部や音楽部に入っており、成績も優秀だったので人気があった。

ご主人の曺圭信さんは、日本で大阪大学を出たものの、朝鮮人であるがゆえに希望の職に就けず、日本の終戦後は進駐軍の通訳などをやっていた。ギターやバイオリンの腕前も一流で、ギタリストのアントニオ古賀とも親交があったという。縁があって見合いで李承哲の姉と結婚し、二十年あまりで十人の子どもをもうけた。

一九七三年、李承哲と曺圭信さんの姪にあたる帰国者の女性が結婚することになった。親族全員が結婚式に参加するため、李承哲の家に集まった。相手の名は曺順福といった。

結婚式の夜、曺圭信さんはヤマハのギターを持ってきて、「首領様もう夜更けになりました」という首領を崇拝する歌を披露した。その場には地元の人も何人かいたので、アンコールも起きた。地元の人を意識して歌ったものだった。

地元の客が帰ると、帰国者の親友たちだけが残って、音楽会は「本音・本気モード」に入った。「湯の町エレジー」や「雨に咲く花」、「別れの一本杉」などを歌っているうちに、本当に哀愁漂うムードになった。日本のことを思い出して心が癒されると同時に、胸が熱くなって知らないうちに拍手を送っていた。

次に私は、曺さんに歌ではなく独奏をお願いした。見事なトレモロで始まる名曲だった。私はすっかり魅了されてしまい、「次はどんな曲ですか？」と聞いた。すると曺さんは続けて何曲か弾いてくれた。その場にいた全員が拍手喝さいでアンコールを求めた。曺さんは時代背景の説明もしながら、「アルハンブラ宮殿の思い出」、「ラ・クンパルシータ」、「乙女の祈り」を演奏してくれた。われわれにもわかるよう、有名な曲を選んでくれたという。その場には曺さんの息子さんたちもいた。父からギターを習っていたという息子たちに、私たちは「一度演奏してみてくれないか」と頼んだ。しかし息子たちは「父の前では恥ずかしくてできない」と、最後まで拒んだのであった。

どうしても演奏を聴きたかった私は、三日後にギターができる息子五人を我が家に招いた。一緒に食事をした後に、ギターを持ってきて「演奏してみろ」と冗談半分で命令した。そこには私の姉と安村家の面々も同席していた。曺さんの長男と、七、八番目の息子はサッカー一筋でギターはできなかったが、二番目から六番目の息子はギターができた。私の家でギターを披露してくれた次男から六男までの五人は、みなすばらしい腕前だった。

一番優れた演奏を見せてくれたのは次男の勇虎だった。当時ピョンヤン音楽大学在学中だった。

李承哲と曺順福の結婚生活は、わずか一年あまりで終わりを迎えた。結婚してから一年後、曺圭信さんが突然保衛部に連れ去られてしまったのだ。妻の叔父が理由もわからないまま音信不通になってしまった後、李承哲のもとに曺順福と別れろという警告が、党幹部からあった。李承哲は当時中学校の体育教師だったが、別れるか職を奪われるかの二者択一を迫られた。こういう事情なので、離婚協議は二カ月ほどで成立した。曺順福は当時、妊娠六カ月だったが、それは問題にされなかった。曺圭信さんの息子たちにも影響は及び、四男は結婚が破談になり、七男は平壌体育大学を退学処分になってしまった。

恋人との別れを拒み、駆け落ちまでした四男はその後、不審な死を遂げた。婚約者（帰国者）の兄二人に誘われて三人でボート遊びに出かけた先の海で、溺死してしまったのだ。四男の死体を見た家族の話では、頭や顔に殴られたような跡があり、解剖の結果、溺死の痕跡はなかったという。安全部に申告したが、「ボートが転覆した際にできた傷だろう」といって取り合ってくれなかった。政治犯の家族だったため、家族はそれ以上食い下がることはできなかった。私の推定では他殺である。それほど政治犯の家族は社会的に迫害されていた。

それから十年後、保衛部から曺圭信さんの家族に連絡があった。「かつて保衛部長・金炳河の悪事で罪なき在日帰国者の一部で犠牲があったが、このたび政治犯という罪状を白紙にする」ということだった。こうして曺一家は、剣徳鉱山から平安南道順川市に移住した。

第七章　金日成の死と社会の崩壊

金日成の死

金日成は一九九四年七月八日に妙香山の執務室で急死した。これはまったくの予想外のできごとだった。

その日は自宅近くで仕事をしていたので、私は自宅で昼食をとることにしていた。家に帰った瞬間、子どもたちが顔色を変えて目を大きく見開いたまま「父さん、首領様が逝去されたそうです！」と連発した。私は最初信じることができず「嘘だろ。お前たちの聞き間違いだろう」と返事した。しかし、それは事実であった。

昼十二時には「重大放送」があった。北朝鮮の家には戸別にスピーカーが設置されており、そこから「第三放送」が流れてくる。スピーカーからは「金日成首領様が残念ながら逝去された」というニュースが繰り返し流れていた。

正直言って、これ以上喜ばしいことはないと思った。しかし妻や子どもたちの前では「まったく気の毒な話だ。もっと長生きしてくだされればよかったのに」と話した。なぜかといえば、妻や子どもたちは北朝鮮で生まれ、洗脳教育を受けている。首領様こそ偉大で永遠なる偉人だと信じていたし、信頼していた。もし私が「よく死んでくれた。胸がすっきりした」と発言していたら、恐らく父親に対して、反動分子、民族反逆者と失望していただろう。

金日成の死は、私が北で体験した二度目の喜びであった。一度目は、東欧社会主義国家の崩壊である。そのときの感動は、いまだに胸の奥深くに残っている。予想外の吉報だったからだ。おそらくそのような心境だったのは、私だけではなかったはずだ。

私は昼飯も後回しにして、重大放送を確実だと思えるまで何度も聞いた。テレビでも直接見たいと思ったが、停電で見られなかった。昼食を終えて職場に戻ると、話題は金日成の死のことで持ちきりだった。私たちは互いに顔を合わせて哀悼の意を表する言葉を交わすだけであった。

次の日、住民全員が市内の中心部にある中学校の運動場に集められた。午前十時までに職場別・人民班別に集合して、集団で金日成の哀悼集会に参加することが命じられていたためだ。北朝鮮の北端にあったとはいえ、わが街も七月の猛暑は特別だった。約二〇〇〇人が列を作り、三時間近く立たされたままで哀悼行事が行なわれた。しかし、誰一人「暑い」とか「辛い」とか愚痴をこぼす人はいなかった。

一時間半ほど経過すると、周囲に立っていた人の中から男女問わず一人またひとりと倒れる人が出てきた。夏の猛暑ばかりでなく、日ごろから家で食事をろくに食べられず、空腹と栄養失調状態になっていたのが原因であった。会場には事前に市内の病院から応急手当のため医師や看護師が配置されていた。片隅で待機していた彼らが担架を持ってきて、倒れた人を運び、運動場の片隅に造営された病院のテントの中で応急処置を施した。

哀悼集会で一番難しかったのは、白色の生花を準備することであった。造花では誠意がないとのことで、街全体の住民・学生が生花購入のために走り回っていた。哀悼集会のときには行列の前後と両脇に私服の保衛員が立ち、群衆の動向を監視していた。

次の日から毎日のように、市内に三カ所ある金日成の銅像、あるいは市内の所々にある大型の肖像画・壁画の前に行き、哀悼の意を表して花束を捧げることが強要された。幹部たちの話では、命令ではなく「各自の心に任せる」ということだったが、実際はそうではなかった。毎日誰が花束を何回捧げにきていたのか、名簿で参加状態を詳しくチェックしていたのだ。

私は金日成死後の哀悼期間中、テレビや新聞で金日成の銅像の前で老若男女が地べたに座り込んで地面を叩きながら泣き崩れて号泣するのを見て、疑惑と違和感を覚えた。私が住んでいた市内では一度も見たことがなかったからである。

私が日本に帰ってきたとき、ある集会で「北朝鮮では以前、金日成が死んだとき全国民が地面を叩き、両手を天に突き出しながら号泣している様子を何回もテレビで見たことがあったが、そのような光景は本当でしょうか？」と質問されたことがあった。私は「私が住んでいた周りでは、悲しそうな表情や態度で哀悼の意を表現する人は少なくなかったが、テレビで見るような姿は見たことがない」と答えた。

ある日本の新聞記者は「わざわざ泣く役者を、前列に立たせてあのような理解できないアクションを強要させられたのではないでしょうか?」と聞いてきた。その質問に対して私は肯定も否定もできなかった。それは私自身、そのような過激な場面を見たことがなかったからである。北朝鮮では十分にありえることであるが、本気で泣いているのか演技をやっていたのかよくわからない。

はっきり言えるのは、日本の植民地支配下から解放されて金日成が北朝鮮の国家首班となってから一九九四年までの約五十年間、北朝鮮の国民は「金日成は祖国を光復させた民族的英雄であり、偉大な領導者」として仰いでいたということである。金日成に対しての敬慕、憧憬、そして尊敬と信頼は、まったくないわけではなかった。むしろ金正日と比較した場合、比べられないほどの支持を受けていたのは事実だった。

私はこの機会に、金日成と金正日親子の共通点と差異について言及したい。

二人の共通点は、自分の政権維持のため、すべての反対派勢力を粛清、処断した稀代の独裁者であることである。国家権力を掌握して自分の反対勢力や進歩勢力に対して、そして政治犯収容所を抑圧・弾圧の手段として、生殺与奪は自分の思いのままであったということである。住民に対する統制手段と機構も同様である。

違うのは反動勢力に対しての粛清と処断方法だ。金日成は反対勢力に対して「反動分子」、「国家反逆分子」との罪状を会議で公表するだけだった。金正日のように群衆の前で罪をなすりつけ、処刑したりしなかった。金日成は、人民と面接したり会見する時、あるいは現地指導の際、いつも満面の笑みを浮かべていた。しかし息子の金正日は、発言や態度に好き嫌いが明白に表れていて、気分を隠すことができない短気な性格だった。

しかしその反面金日成は、人民の目に届かない裏道で反対勢力を次々と処断していた表裏不同な独裁者であった。

荒れる社会

一九九〇年代後半になると、配給制度は完全に機能しなくなった。金日成の死後、ほどなくしてからである。

一九九六年ごろまでは、食糧不足の中でも、どうにかこうにか生き延びてきた。しかし、それ以降は、数え切れないくらいの餓死者が出はじめた。河原や山の中で、家族と思われる複数の遺体を見たこともあった。その瞬間、驚いて息が詰まりそうになった。背筋に冷や汗をかいて一瞬目の前が真っ白になってしまった。自分自身もいずれこのような悲惨な姿になるのではないかという恐怖心に襲われた。しかしそれも最初のうちだけだった。金正日時代になって二、三年の間に、その異様な光景はありふれたものになり、しまいにはネズミやネコが死んでいるのと同じように感じるようになった。慣れてしまったのである。

こうした状況で、強盗事件が起こらない方が無理な話であった。

私自身もある日の夕方、道端で二人組の強盗に遭遇した。包丁で脅迫され、自転車と革靴、財布まで全部奪われた。坂道だったため、自転車から降りて両手で押しながら上がっていたところを悪党たちに襲撃されたのだ。私は彼らの要求どおりに全部渡すしかなかった。説得やいいわけなどまったく通用しないことを知っていたからである。地元の人間ならいくらか見覚えがあったが、全然知らぬ、ほかの地域から来たと思われる二人組であった。

夜中に家畜が盗まれたこともあった。ウサギ四羽、ニワトリ十二羽が一夜にして全部盗まれてしまった。ブタ小屋には頑丈な鍵をつけていたため難を逃れたが、そのブタも二カ月後に盗まれてしまった。夜中にブタ小屋から悲鳴のような声が聞こえたので、家の扉を開けようとしたら全然動かなかった。足で思いっきり蹴っても無駄だった。仕方なく裏窓を壊して外へ出た。外に出てみると、ブタ小屋の扉が壊されて全開になっていた。中を覗いてみるとブタの内臓と頭のみしか残っていなかった。すでにブタを解体して胴体だけ持ち去った後だったのだ。

家の玄関に回って扉を見ると、長くて太い突っ張り棒がしてあり、鍵を掛ける鉄製の穴は針金で堅く縛りつけられていた。家の中から外に出られないようにして、時間を稼いでいたのだ。見事な計画であった。

翌年も災難に襲われた。白昼に軍人二人組が銃剣を持って家の中に入り込んで、問答無用という態度で武器を突き当てて「食べ物と金を出せ、そうしないと銃剣で刺し殺すぞ」と脅迫してきたのだ。家には妻しかおらず、妻はコメとトウモロコシ、そして現金すべてを渡すしかなかった。

軍人はよその地方から派遣されてやってくる。私が住んでいた街は小さく、知り合いでなくても顔を見たことはあるという人が多くいた。その点で軍人は顔を知られていないため犯罪をするのに好都合だった。血気盛んで怖いもの知らずの彼ら軍人が、庶民にとっては一番怖い存在だった。強盗だけでなく、軍人による暴行や強姦も多かった。

国営工場もターゲットになった。電動機や各種機械付属品、原資材を盗む事件が増え始めた。盗品は中朝国境付近に運ばれ、ブローカーによって中国に売り飛ばされていた。このような事例は各地で見られた。野外にある電線なども標的になった。これも転売先は結局中国であった。

工場に盗みに入る盗賊たちは、事前にドライバーやワイヤーカッターなどの工具を携帯し、生産機械を分解・解体して手ごろな物だけをリヤカーに積んで持ち去って行った。当時はどの工場でも生産が中断されていたので、工場・企業所内には夜間警備員だけしかおらず、盗賊たちのやりたい放題であった。夜間警備員は警察や軍人ではなく、工場に勤務する労働者や事務員が交代で務めており、衰弱した状態で夜になると、体力がもたず寝てしまうため何の役にもたっていなかった。

夜間警備員を脅して縄で手足を縛り、モーターや機械付属品を堂々と工場の正門からリヤカーで運んで行ったという事件も聞いたことがある。ところがその二カ月後、工場の警備員二人が盗賊からわずかばかりの賄賂を貰い、窃盗を黙認していたことが発覚。盗賊四人と警備員二人が逮捕され、公開処刑された。工場からモノを盗むということは、金正日からモノを盗むのと同義だからだ。

私も盗みに…

被害は国営共同農場にまで及んだ。穀物畑や野菜畑は一番盗みに入りやすく、すぐに空腹を満たすことができたので、「逮捕されたら殺されるかもしれないが、何もしないで死ぬよりましだ。死ぬ覚悟でやるしかない」と、人々は悲壮な決心と覚悟で農場を襲った。私も夜中に二、三回トウモロコシや大豆を盗んだ。前から顔見知りの協同農場で働いていた男に頼み、三人分の酒と肉を持って夜十一時に警備哨所まで行った。「音がするからリヤカーは絶対に持って来るな」と言われたので、リュックを二個持って約束の時間にその場所に行った。

トウモロコシを盗みに行った私に、警備員の友人は小さなナイフをくれた。「トウモロコシを茎からもぎると、音がして一〇〇メートル先の警備員に見つかってしまう」との理由だった。畑に入ってトウモロコシを片手にとり、右手にナイフを握った。手が震えて、心臓は激しく打ち、皮膚を突き破って今にも外に出てくるような恐怖と緊張感だった。しかし、勇気を出して一本また一本と切り取っていくうちに、段々盗みに慣れていった。
リュックの重量は一つで二十キロは十分にあったと思う。約四十キロのトウモロコシを持ち、途中で一つをある場所に隠し、一つだけ家まで背負って帰った。二つ目も同様に家まで安全に運ぶことができて安堵した。

当時トウモロコシは、焼酎を作る原料になり、酒を搾ったかすは家畜の餌になった。そのまま食糧として消耗するより、トウモロコシで酒を造って売り、得た金でまたトウモロコシやほかの食料を買う方が三倍以上の利益になったので、みなそのようにしていた。

北朝鮮では家庭での食品加工が徹底していた。大豆は主に豆腐を作る原料になった。豆腐は卸屋さんに売り、豆腐を搾ったかす（おから）は家畜の飼料にしていた。一石二鳥というか、何事も利点を最大限に生かして家計を支えていくしかなかったのだ。

食料供給が完全に断たれると、労働者は毎日飢えているので働けなくなり、家で寝転んでいることが多くなった。食料配給があった時代は、欠勤すると配給券がもらえなくなるため、人々はよほどのことがないかぎり職場に出勤していた。しかし九〇年代後半になると、工場などに行って出勤の記録だけつけて帰宅することが多くなった。働いても配給が受け取れないためだ。

一方で無断欠勤が続くと、必ず当局の人間が家に様子を見に来た。本当に空腹で働けないのか、中国などに逃げていないかを確認するためだ。また、工場勤務者を遊ばせないため、「農村支援」という名目で種まきや草取り、水やりなどの手伝いをさせられることもあった。

高校時代の恩師の話をしたい。吉鎮萬という文学の先生だ。吉先生は日本語が流暢で、特に我々帰国者と接することを好んでいた。私とは八割ほど日本語で会話し、世界の文豪の作品を面白く、わかりやすく説明してくれた。いつも明朗な先生だった。

しかし吉先生は一九六八年ごろ、学校を強制退職させられた。主体思想や社会主義思想で武装された、「新人インテリ層」が育成・配置されはじめたからだ。吉先生のような旧植民地時代のインテリ層は教育部門から全員追放されることになった。

一九九八年の秋ごろ、吉先生も家族も餓死直前に至ったという。そのため先生は、死を覚悟してトウモロコシ畑に盗みに入った。吉先生が一本目のトウモロコシをもぎ取ろうとしたとき、警備中の軍人二人に見つかって捕らえられた。二人から殴る蹴るの暴行を受け、全身血まみれのまま近隣の分駐所（交番）に引きずられて六日間監禁され、そこでも暴行された。幸いにも家に戻されたのは、リュックに一本のトウモロコシも入ってなかったからだ。

数日後、吉先生が鉄橋で首を吊って死んでいるのを通行人が発見した。死から二カ月後、吉先生の奥さんとばったり会った。奥さんは「『傷の痛みといった苦痛よりも、世間の人からの嘲笑や非難を受け、家族が自分のために批判の対象になってしまったことが一番悔しい』といったのが、主人の最後の言葉でした」と涙を流して泣いていた。私は吉先生が職を追われてからたまたま話す機会があったが、自分の境遇に対して不満は漏らしていなかった。顔つきや態度にも変わりはなかった。

いくら紳士淑女でも三日飢えたら盗人になってしまうという話を聞いたことがあるが、本当にそうだと思った。吉先生があまりの飢えに耐えきれず、農場に侵入した気持ちは当時の体験者でないと絶対に納得できないと思う。

飢餓は善人を悪人にしてしまう。他人のことなど、まして国のことなどどうでも構わない。そばで誰かが餓死してウジ虫やハエが屍を喰い荒らしても、埋葬して念仏を唱えてあげる人は一人もいなかった。

私は七〇年代の半ばごろ、植民地時代に炭鉱で働いていた老人と親しくなった。その地元の老人は「当時、日本人は一等米を食べ、朝鮮人は二等米を食べていた。よほどの貧乏人でも白米に粟やキビを混ぜて食べていた。飢え死にする人なんか見たことがなかった」と小声で聞かせてくれた。北朝鮮が飢えることになったのは、金日成や金正日の間違った農業政策のためであった。

闇市場（チャンマダン）

北朝鮮の庶民生活が、闇市場によって支えられているのはよく知られている。国家公認の市場ではないので、闇市場は必ず町の中心部から外れた場所に、自然発生的に売り手と買い手が集まってできる。売り主は適当な場所に座って物を売る。

闇市場は私が帰国した六〇年代にはすでにあったが、当時は食べ物しか売っていなかった。品数は七〇年代以降から増えた。簡単に持ち運びできない大型の家電製品などを売る人は、首に「〇〇〇を売ります。品物は私の家にあります」と書いた画用紙を掛けて立っていた。九〇年代には国家が配給制度を中断したため、安全部や保衛部の部員たちも黙認した。地方の下部末端や党の幹部や安全部、保衛部という部署には最低限度の配給は供給されていたが、彼らでさえ生活必需品は闇市場で手に入れるしかなかったためだ。このころの闇市場にはたいがいのものがあった。

市場の商人たちは、ひったくりや泥棒よりも役人を恐れていた。彼らはほしい品物が並んでいるのを見ると「違法統制品であるから、無償没収する」と脅しをかけてくるのである。商人は仕方なく彼らの要求する品物、主に高級タバコなどの輸入品を手渡すしかなかった。申告するところもないので泣き寝入りだった。生活がかかっているので、その場を離れることもできなかった。

私が住んでいたK市の闇市場は河原にあった。売り場はだいたい一〇〇メートル四方ほどで、機械類、食品、家畜、衣類など、似たような物を売る店同士が近くに固まっていた。穀物やその加工品は自家製が多く、中国から買い入れてきた物を売る人も多かった。不思議なことにいくら食料不足といっても、人間に最低限必要な食品は全部揃えてあった。薬品もそうである。

金さえ出せば、何でも手に入れることができた。

闇市場には当然、帰国者もいた。誰かが闇市場の片隅で紙を首から下げて立っているのを見ても、帰国者たちは互いに声を掛けずに見てみぬふりをして通りすぎた。プライドを傷つけることがないように配慮したのである。帰国者たちが闇市場で売っていた品物は、主に自転車・テレビ・冷蔵庫・扇風機・アイロン・ソファー・革靴・腕時計・洋服など、北朝鮮では手に入りづらいものだった。品物の価格は買ったときの五分の一程度だった。

市場では食料確保が第一だったので、食料以外の品物を買い求める人は一〇〇人に一人程度だったと思う。帰国者の売り物は買い手が多くつくものではなかったが、外国製、特に日本製は憧れの的だった。日本製の品物を買っていく人は大概、外貨稼ぎに従事している商売人か、党の幹部あるいは中朝国境地帯で密かに密輸商売をしている連中だった。そのころから、日本製の電気製品などが在日帰国者の手から地元の有力者の手に移ってしまった。帰国者の家の中から日本の面影が何一つなくなり、地元の人々よりも生活水準は落ちていった。

金になりそうな物がひとつもない帰国者家族は、自家製の焼酎や豆腐、油揚げ、いなり寿司、あんこ餅、コロッケ、トウモロコシで作った飴玉などを売っていた。その中には、帰国者の日本人妻も加わっていた。日本人妻は主に、コロッケやあんこ餅を売っていたと記憶している。だが、そのようなもので家族の生計を維持するのは無理であった。ある日本人妻は、真夏に熱中症で倒れ、二カ月後に亡くなってしまった。

一方で成功した例もあった。帰国者がよく集まっていた安村家の奥さんである。彼女はいなり寿司を作って闇市場や駅前通りで売っていた。最初のころはあまり売れなかったが、地元の人が「唐辛子とニンニクを加えたらもっと好かれるでしょう」とアドバイスした。早速いなり寿司を地元の人の口に合う調味料で味付けして売ってみたらたちまち大人気になった。市民だけでなく旅行者にも好評だった。そのうち売りはじめて一時間以内で完売するようになった。それを目撃していた私はよく知っている。

奥さんの成功の裏には、夫の協力があった。奥さんが売りに出ている間、安村さんが次の日の下ごしらえをするのだった。安村家のいなり寿司が繁盛すると地元の女性たちが先を争って同じようなものを作って売り出したが、一度本当の味を覚えた客は「これは偽物のいなり寿司、偽物のあんこ餅とアンパンだ」と話し、本物の日本人妻が売りに来るのを待っていた。客は奥さんを「イルボン（日本）奥さん」と呼んでいた。やはりいくら真似をしても本物には勝てなかったようである。

じり貧の帰国者と日本人妻

私にはもう一人、記憶に残っている日本人妻がいる。宮崎フジ子という茨城県出身の女性だ。

帰国後に夫が先に亡くなり、長い間一人暮らしをしている女性だった。子どもはいなかった。ユーモラスで筋の通った気質の持ち主だった。帰国者同士が集まって昔話をしたり、飲んだり踊ったりするときには欠かせない中心人物だった。

一九九五年の大飢餓状態のとき、宮崎さんは持病を抱えながら、生きるために家で焼酎を作ったり、おはぎやあんこ餅を作って売りながら、最低限の生活をしていた。近所の人々に好かれていて、トウモロコシや大豆、ヤギの乳を搾って分けてくれる近所の人もいた。

宮崎さんはある日、突然私の家に訪ねてきた。彼女はコロッケ二十個を見せて「ぜひ買ってほしい」と頼んできた。「一つ十ウォン、二十個で二〇〇ウォン」と私の膝の前に押し出した。私は「こんなにたくさんのコロッケを買うお金を持っていないから、すみませんがよその家に行ってみてください」と断った。すると「いやダメダメ。これを買ってくれるまでこの家から出ない決心で入ってきたんです。今朝から五軒目であなたの家に来たんです。もしこれを売ることができず私が夕食代わりに食べてしまうと、明日からは死ぬしかありません。私を可哀想に思ってぜひ買ってください」と強要するかのように頼んできた。その姿はまるでヤクザの子分がほかの親分の前で啖呵を切る格好に似ていて、半分、面白くてたまらなかった。私が「奥さん、これは押し売りじゃないですか？」というと「押し売り、強盗といわれても仕方ない。これを買ってくれるまでこの場を立ちません」と、しまいには目に涙を浮かべて子どものように泣きそうな声に変わってしまった。

しかしその日は本当に現金が家になかった。自分の畑に植えるトウモロコシの種や肥料を買ってしまったからだった。仕方なく私は次のような決断を下した。

「このコロッケは全部私が引き取ります。しかし代金は三日後にしてください。その三日間の食べ物は私が今持たせてあげます」

すると宮崎さんは私の両手を握って、上下に振り回しながら「よかった。ありがとう。最初からあんたの家に来ればよかった。本当に助かった。一生涯忘れないよ。無理なことをいってごめんね」と目に涙を浮かべた。

私は家にあった中国製のソファーを四五〇〇ウォンで売った。宮崎さんは四日後に私の家に現れた。彼女はお礼として乾燥させた桑の葉をくれた。「お茶代わりに飲むと体にいいので飲んでみてください」ということだった。それから約八カ月後、ある帰国者から宮崎さんの訃報を耳にした。あの日が私との最後の日であったのかと思うと胸が痛かった。

家財や家畜を闇市場で売って、その足で隣の食品売り場へ行き、トウモロコシで作ったチヂミやパン、あるいは大豆の搾りかすを乾燥させた「人造肉」を買って帰る暮らしには限度があった。売れるものがなくなってしまうからである。しかしどうしても冷蔵庫だけは手放したくなかった。私の家では単に食品の保存・保管のためではなく、〝業務用〟としても使用していたからだ。私は冷凍庫を使ってアイスキャンディーを作り、自宅で一個十ウォンで売っていた。

しかし飢餓状態になって二年目、とうとう冷蔵庫も華僑に売り渡すことになる。当局からアイスキャンディー売りにストップがかかってしまったからだ。「自宅での個人営業は資本主義的である」という理由だった。

近隣の人たちが、小銭もろくにないのに子どもたちが毎日「キャンディーを買ってくれ」などと駄々をこねるものだから、怒って市の安全部に申告したようであった。その気持ちは理解できたが、帰国者がうまく儲けていることへの一種の嫉みもあったと思える。トウモロコシや小麦粉で作ったパンやチヂミよりアイスキャンディーのほうがずっと安かったし、一時の空腹を紛らわすこともできた。だから氷菓子を口に入れたかったのである。そのため子どもばかりか大人も客になっていた。

闇市場では、イヌやネコも売買されていた。食用である。ネコは漢方薬として利用されていた。特に関節炎やリューマチ、神経痛に効くと聞いたことがある。

イヌの場合、昔から食用として飼われていたことはよく知られている。私が帰国した一九六〇年代ごろからすでに、人々は子犬を二、三年育てて売っていた。六〇年代から七〇年代半ば頃までは、家の雌犬が子犬を産むと近所の人や親しい人に無料で分けていた。その後、子犬一匹が酒一升の価値になり、八〇年代頃には五リットル分の酒と交換されるようになっていた。イヌは無視できないほどの収入になるため、どの家庭でも家畜のほかにイヌは必ず飼っていた。イヌならば庭の家畜も守ってくれるから、直接的・間接的に有益な存在であった。

私も三年に一匹ずつ子犬を買ってきて、家で飼育していた。最初の頃は放し飼いにして、イヌが近所を回りながら人糞を食べて育つように放置していた。北朝鮮ではイヌに人糞を食べさせて育てるのが当然だったし、人糞を食べたイヌの肉は外国のイヌとは比べものにならないくらい美味しいと聞いていた。私はその話を否定しない。食べてみて確かに「そうだ。なるほど」と感じたからである。

北朝鮮のほぼすべての家庭は、イヌを育てて自分の家で殺し、食べていた。食用にせずとも、北朝鮮では一年に一枚イヌの皮を外貨獲得源として義務的に国に納めることになっていた。殺す際にはイヌを木に吊るして棒で頭部を死ぬまで殴るのである。息絶えたことを確認してから、木にぶら下げた状態で頭部から皮を剥ぐ。死ぬ直前のイヌに睨みつけられたことがあるが、その眼は青いガラスのビー玉のようにランランと光を放っていた。人間とは耐え難い困窮に陥ると、残忍無道な酷いことでも普通のように思ってしまうのである。

誰に言っても信じてもらえないのが、市場で人肉の腸詰めが売られていたことだ。もちろん買った人は人肉とは知らずに食べて飢えを凌いでいた。同じ脱北者でさえ「それは噂かデマだ」と信じてくれないのだが、北朝鮮の南の地方に住んでいた人たちはそう思うかもしれない。なぜなら当時、私が住んでいた北部の咸鏡北道は、金正日が「反動分子が多い地域だから」と言ったせいで配給が少なく、最も多くの餓死者を出していたからだ。

犠牲になったのは幼い浮浪児たちだ。犯人たちは「食べ物をあげる」と騙して家に連れて行き、想像を超える非道なことをした。私はこれについてこれ以上具体的に書くことを省略したい。書く人も読む人も、互いに辛くなるだけだからだ。

国境警備兵との交流

脱北者というと最初から第三国への逃避を目的にしているように思われがちだが、それは少数で、大多数は必ず元の居場所に戻る。これが国境の住民の生活だった。中国側に越境した北朝鮮住民が現地で盗みなどを働くようになると、北朝鮮側の国境警備は厳格化した。不法越境者を発見した場合、警備員は容赦なく発砲することを命じられるようになった。

警備隊員の話を聞くと、犠牲者の中には射殺された人間もいるが、半分は軍人に見つかり、「止まれ！」という叫び声に驚いて、溺死した者だということだった。彼らは「自分たちは最初から発砲するのではなく、『止まれ』と二度警告し、それでも前進する場合は仕方なく射殺する」と話してくれた。それも「上部の命令なので仕方なく射撃するしかない」という。「自分たちも同じ民族なので、お母さんやお姉さんのような女性に銃弾を浴びせることは決していい気持ちではない」と語っていた。

一九九〇年代頃から私が国境警備隊の小隊長と仲良くなったのは、ひょんなことがきっかけだった。ある晩、私が友人とプルコギ屋で食事をしていたところ、酔った青年が「酒をおごってくれ」と近づいてきた。私たちは三人、向こうも三人。「生意気なやつだ」と頭にきた私は「どこの出身か」と聞いた。その男は「海州だ」と答えた。私は弟と妹二人が海州に住んでいたので、そのことを言うと、急に打ち解けた。この男が小隊長だった。小隊長は南方出身者が多いのだが、その小隊長は珍しいケースだった。

こうして知り合った小隊長や分隊長は、私の家にときどき酒を飲みにきていた。逮捕した越境者から取り上げた金品・食品・タバコ・酒類を預けてあるのも私の家だった。押収品を部隊内の兵営に持っていくと、上官に奪われたり、不正と見なされるためである。除隊するときの評定書が悪いと、大学入学や職場配置に悪影響を及ぼす。特に北朝鮮では、軍服での職務経歴は幹部選抜の登竜門になるので、若い下級兵は特に気を配っていた。彼らは空腹になったり、酒が飲みたくなると、自分の「戦利品」を求めて私の家にやってきたのであった。

彼らが最も大事にしていたのは中国元だった。手に入れると誰にも言わずに民家に預け、除隊するときに自分の故郷に持って帰る計画であった。除隊後の社会生活がどれほどかの厳しさを知っていたので、結婚や生活資金として貯めておくのである。

私は小隊長や分隊長に知らぬふりをして「どうして俺の家に預けるのか?」と聞いた。すると彼らは「ほかの民家に何度か金品を預けたことがあるが、みな自分勝手に使ってしまった。アボジ（お父さん）の家は正直で評判もよく、日本から来た家族と知って信用することになった。帰国者は案外正直で口も堅く、良心的な人も多いと幼い頃から親によく聞いていたのでお宅に決めた」といっていた。

私は不安であった。もし彼らの行為が暴かれて問題視されたとき、私まで共謀者扱いされてしまう危険性が十分にあったからである。私は彼らにその心境を率直に伝えた。すると彼らは「心配しないで下さい。たとえ自分たちが軍法裁判で銃殺刑の台に上がっても余計なことは漏らしません」と、私の目を見て断言した。その場で私は「こいつらは軍人らしい男だ」と確信できたので、家に物を隠しておくことを承認した。

ただ、そのせいで恐ろしい体験もした。荷物を預かりはじめて四年後の深夜二時ごろだったと思う。突然玄関の戸を激しく叩く音で目が覚めた。入り口には国境警備隊の小隊長と分隊長、ほか三人の兵士が立っていた。私は分隊長が持っていた白いポリエチレン製のコメ袋に目が留まった。

「アボジ失礼します」と、分隊長はあわただしく軍靴を脱いで勝手に家に上がり込んできた。小隊長は、兵士三人に「その荷物を降ろしてお前たちは早く兵営に行って寝ろ！」と命令し、ポケットから中国製のタバコを一箱ずつ出して与えた。三人の兵士は「小隊長殿ありがとうございます」と挙手敬礼をして家を出て行った。

分隊長は、白い袋の中からさらに二つのビニール袋を取り出した。そのうちの一つには何と大きなブタの脚が入っていた。もう一つの袋からはブタの頭や肝臓、大腸・小腸が出てきた。私は何事かとあっけにとられた。と同時に恐怖に襲われた。それを見た瞬間、他人の家のブタを殺して持ってきたと理解したからである。

小隊長は「この肉を今日の夕方六時ごろまでに調理してください。私と分隊長の二人で再度お邪魔します。除隊記念としてこの家で簡単な送迎会をしたいのです。この四年間いろいろと大変お世話になったので、兵隊たちにブタを準備させたのです。では今日の六時ごろまでにお願いします」と言って右手で敬礼をして出て行った。わずか十分足らずのできごとだった。

妻も子どもたちも無言で怯えていた。ブタ肉は合計で四十キロはありそうだった。足と頭と内臓は冷蔵庫に入らなかったので、一部は庭に埋めてあるキムチ用貯蔵庫に入れた。そのほか五リットルの白酒、中国の月餅、ビスケットや菓子そしてタバコも五カートンあった。

私は盗人の共犯者になったような感じがして、知らぬうちに体が震えていた。家族のため、子どものために命を懸けて中国まで行き、帰り道に警備兵につかまって持ち物を全部没収された人の悔しさと無念さを自分の立場になって考えると、本当に胸が痛かった。推定一〇〇キロのブタが盗まれた悔しさも想像に難くない。ブタは家族の命を支える財産なのだ。

当時の軍人たちは、金正日が提唱した「先軍政治」という言葉を悪用し、人々の家畜を手当たり次第に強奪していた。将軍様を「決死擁衛」し、「社会主義固守」の先頭に立つ軍人にブタ一頭くらい差し出すのは当然という論理だった。これには保衛部も安全部も手を出すことができなかった。一九九六年の年始に発表された「先軍政治」、「苦難の行軍」という政治スローガンが、国民をより一層どん底に突き落としたのであった。

「小土地」の開拓

配給制度が完全に途絶えた一九九七年、私は山を開墾して自給自足の生活を営むようになった。北部の山間部の住民が数多く餓死したため、政府当局が住民に山の斜面や雑木林を開拓し、ある程度自給自足することを許可したのである。地方によって差はあったが、私の職場では一世帯あたり三〇〇坪が「小土地」として割り当てられた。

北朝鮮での一坪は一・八メートル四方で、雑木林とはいえ三〇〇坪は狭くなかった。私は山火事で焼け、木の根だけが残ったところを割り当てられたのだが、幸いなことに私たちは傾斜二十度ほどの比較的緩やかな斜面を与えられた。

焼け残った杉や松の根を掘り起こして畑を作るのは想像を絶する大仕事だった。三〇〇坪もあれば四十本から五十本程度、直径三十センチから四十センチの木の根があった。それを抜くのには十五日ほどかかった。

私たちの職場は小土地が分配された後、その土地を開拓する計画日程を職員全体の前で発表した。従業員の半数が先に一週間山に行って世帯別（家族別）に分配してもらった三〇〇坪の土地を家族総動員で開拓し、一週間後に残りの職員と交代するというものであった。職場にいる人は、山に行った人の分までノルマを達成することに決まった。簡単にいえば、一人で二人分の仕事をするということである。

これも言葉でいうほど簡単な問題ではなかった。このローテーションは約二カ月繰り返された。それだけ大木の根を取り除き、地面に深く埋まっている大きな岩石や小石などまで人力で全部処理して畑を作るということは、莫大な労力を要する難工事であった。

しかし従業員の誰ひとりとして後に退く者はいなかった。飢餓からの抜け道は、山の小土地にしがみついてでも切り開くしかなかった。

私自身も同様であった。私は家に帰り、職場であった小土地の開拓計画を次男と妻に説明した。家族三人とも意見が一致し、次の日の朝五時に起床して朝食を済ませ、手作りのリヤカーに弁当、水筒、ノコギリ、鎌などを乗せて山に登った。当時、長女は結婚し、長男は軍隊に行っていたのでいなかった。

家から山の目的地までは約二時間三十分かかるのが普通だが、荷を積んだリヤカーを引いて息子と二人で傾斜の続く山道を登るのはとても辛かった。途中一服もせず目的地の山の頂上まで到着したときは、まだ三月だったが体が汗でびっしょり濡れていた。

十五、六年前の山火事で全焼した松や杉の根を掘り起こす前に、周囲に生えていた細い木や雑草を鎌で伐採して燃やし、その灰を肥料として撒いた。周りの先輩たちから教えてもらった知恵だった。次男と二人で一メートルほど地面を掘り返し、大きな石をテコで持ち上げて畑の隅まで転がす作業などを続けた。大人の腕くらいの木の根をノコギリや斧で切断してテコで掘り出す作業は本当に過酷だった。

そのような作業を四、五日も繰り返していると、腰に激しい痛みを覚えて作業に多少の支障が生じはじめた。息子も同様だった。二人は仕方なく膝立ちになって伐採作業を行った。数日後には作業着のズボンの膝の部分が破れ、血が滲んでいた。しかしその程度の負傷では全然痛みを感じなかった。一日も早く畑を耕し、作物の種を蒔くことが何よりも急務であったからである。五十個ほど古株を除去するだけでも二週間ほどかかったと記憶している。

午後からは妻も合流し、次男と三人で作業を進めた。夢中になって夜になっても手を止めず、目の前の木がよく見えなくなって辺りが薄暗くなっているのに気付くといったふうだった。空を見上げると、星がキラキラ輝いていた。そしてまた汗だくになりながらリヤカーを引っ張って山を降りるのであった。

私はいまだに当時のことを思い返すと、二十歳だった次男のことが頭に浮かぶ。育ち盛り、遊び盛り、食い盛りの年頃ながら、父親に何ひとつ不平不満をいわず、親が腰を痛めている様子を見て「お父さんとお母さんは少し休んでもいいよ。僕が残りの木の根を掘り出すから」といって一人で作業をすることもあった。親として子どもにお腹一杯食べさせることもできなかったことが気の毒でたまらないのに、文句もいわず率先して大変な仕事を片付けてくれたことを本当に誇らしく思い、感謝している。

悪戦苦闘の末、二カ月くらいで荒れた雑木林は畑らしく変わった。次の仕事は鍬《くわ》で土を耕し、種を撒くことだった。初年度は大豆を撒くことにした。大豆は肥料がなくても育つからだ。

鍬で固い土を掘り返すのは本当に辛い作業であった。三人で一〇〇坪を耕すのが精一杯だった。学生時代や職場で働くようになってからも「農村動員」に行ったが、そこは何十年もの間耕されている国営農場なので、鍬でも土が掘り返しやすかった。

しかし、山の地面はそうではなかった。鍬を頭の上に振り上げて地面を叩くように振り下ろしても雑草や木の根が土の中に張っているので、地面にぶち込んだ鍬の刃で土を掘り返すには、全身にあるだけの力で鍬の柄を前に押し倒すようにするしかなかった。

五、六月に大豆の苗を植えた後、真夏の草むしりもつらいものであった。しかし、固かった地面から大豆の芽が頭を出し始めたころから喜びと希望が湧いてきて、それまでの苦労が一瞬で吹っ飛んでしまった。初の収穫は十月初め。大豆五〇〇キロ超※という大収穫だった。

大豆の一部はコメやトウモロコシと交換した。トウモロコシとの交換比率は大豆一に対して三、大豆とコメは等価で交換できた。こうして我が家は一時の飢餓から逃れた。家では自家製の豆腐も作った。不足していたたんぱく質も豆腐で補うことができた。

※大豆五〇〇キロは、小土地の面積一、二〇〇坪で収穫した量である。

みなで協力「生存戦争」

翌年は国営農場の牛の飼い主に頼んで牛を借り、牛に鋤《すき》を引いてもらって畑を耕した。牛を借りるには国営農場で数日間無償奉仕をし、牛の飼い主に一定の金額を払わなければならなかった。国営農場は以前から資金不足で運営に困っていたため、このような副業も内密に行っていた。

二年目は主としてトウモロコシの種を撒いた。そのほか大豆、小豆、えんどう豆などをトウモロコシの収穫前後に育てた。二毛作である。二年目もある程度の収穫を得ることができた。トウモロコシ三五〇キログラム、大豆一二〇キログラム、小豆三〇キログラムだった。

畑で収穫した農作物を家まで運搬する作業も大仕事であった。収穫した作物は全部手作りの荷車で家まで運搬するのだが、親友、知人、親戚など、手伝える人は総動員である。北ではこのような作業で人手が足りないときは、互いに協力するのが習慣だった。私も自分の収穫物を全部運び終えると、他人の家の作物を運搬した。庶民は互いに協力し合って、食糧不足と飢餓を乗り越えようとしていたのである。

私たちは当時の農作業を「生存戦闘」と呼んでいた。私は畑を耕し、種を蒔き、雑草を刈り、人糞や家畜の糞、そして中国や韓国から輸入した化学肥料を畑にまいた。当時は炭鉱を辞め、都市経営事業所に転職して三交代で水道管の工事などをしていたので、空いた時間は山の畑で作業した。

春や夏になると、トウモロコシやジャガイモ、大豆などが地面から芽を出す。それが五、六枚の葉が出るころになると、近隣の人に盗まれる事件が頻繁に起きていた。干ばつや手入れ不足によって自分の「小土地」の作物を枯らしてしまった人が、取っていってしまうからだ。しっかり手入れをしていても、品種が適合せずに枯れてしまうという不運なケースもあった。

とはいえ、やはり一番警戒すべきは八月に入ってからだ。そのころからトウモロコシに実がつきはじめ、飢えに苦しんでいる大人やコッチェビ（浮浪児）が盗みに入ってくる。一番神経を尖らせる時期であったため、可能なかぎり朝早く山に登り、夕暮れまで畑に警備を立てていた。そうすると盗む方は夜に侵入する。「小土地」の所有者が下山するのを遠くから見ていて、所有者が去った後に盗みに入るのだった。たとえ数回盗まれただけでも被害は少なくなかった。

私は仕方なく自分の「小土地」の一角に二人が寝泊りできる二畳ほどの山小屋を立てた。私だけでなく、周囲の人はみなそうやって作物を守っていた。

北は九月になると夜はとても冷え込むようになる。寒さ対策のため地面に三十センチくらいの深さで「川」の字に溝を掘り、かまどの煙が床の下を通って家の反対側に抜けるように石を組んだ。即席の「オンドル」である。四方の壁も石と粘土を大人の肩くらいの高さまで積み上げて作った。屋根は家から運んできた角材で組み、雑草や木の枝葉を断熱材とし、ビニールシートを被せた。シートは風で飛ばされないように綱で頑丈に縛った。

食料は家族が一週間に一回の目安で運んできた。一度に多くの食料を運んでもらうと、盗まれたときに被害が大きくなるため、こまめに来てもらっていた。副菜には畑の隅で栽培していた野菜を使った。こうして二カ月あまり一人で夜間の見張りをすることもあった。収穫期になると時機を逃さぬよう、交代は一カ月ごとになった。

野菜泥棒の見張りをするため、私は夜中に一時間おきに畑の周囲を回りながら笛を吹くことにしていた。野菜の調理に使う短刀を、いざという時のために腰に差しながらの警備だった。盗人はいつ夜襲をかけてくるかわからなかったので、寝るときも腰に差したままだった。

私は小土地を開墾する過程で、地元の人々からさまざまな生活の知恵を学んだ。農業に関する多くの知識もそのころに教えてもらい、実際に経験しながら身につけていった。生活に必要な知識は、平凡な庶民の暮らしの中から見出されるものだと確信した。

しかし権力者や支配階級層は、一般庶民をバカ者扱いにしている。それが北朝鮮の実態である。特権層が毎晩の宴会で味わう山海の珍味や、酒池肉林に供される酒肴が、最下層の人々の血と汗の上に得られた尊いものであることを知らないのだ。

私は山でクマや毒蛇に遭遇した。しかし危険なのは生き物だけではなかった。二〇〇二年九月中旬、昼食の支度をするため一キロほど離れたところにある沢の水を汲みに出かけた。往復三十分はかかる山道だった。水を汲んで小屋に戻って支度をしようと思ったら、小屋に置いていた食糧が袋ごと盗まれていた。五日分の食糧だった。食べ物を盗まれた私は、食糧を取りに戻るため山を下りた。二、三日前から大雨が降っていたので、泥道を踏みしめながら、二時間半かけて下りた。

九死に一生を得る

山を下りた私は一夜を家ですごし、翌朝山に向かった。山小屋に到着したのは昼頃だった。しかし変な感じがした。三〇〇メートル先に見えるはずの自分の山小屋の屋根が見えないのだ。ここで私は不思議というよりも不吉な感じを受けた。山小屋があったはずの場所に行ってみると、裏山の中腹から崩れた土砂で完全に埋もれていた。土砂の高さは私の背を越えていた。スコップだけがどうにか半分ほど土砂の中から頭を出していた。

私が呆然とそれを眺めていると、同じ職場の人が走ってきた。大工の朴さんが小屋の中で生き埋めになっているので一刻も早く救出するのを手伝ってくれということだった。私はスコップを土砂から引っ張り出し、約二〇〇メートル離れた朴さんの小屋に走っていった。朴さんの小屋は、私のところ以上に大量の土砂で埋まっていた。現場にいたのは近くの山小屋にいた人だった。全員同じ職場の知人ばかりである。

七、八人の男が四時間ほどかけて必死に土砂を掘り返していくと、ようやく小屋の壁が見えた。結局朴さんは助からなかった。深さ五メートルほどの土砂の下敷きになっていたので、望みはなかった。朴さんの家族は職場から費用を出してもらい、主人の葬式を終えた。三十代の朴さんには妻と三人の子どもがいた。彼らは棺にすがりついて、時折空を見上げながら号泣していた。

私は家に帰って一人で深く考えてみた。もし食糧を盗まれていなかったら、私は小屋で一夜を明かしていただろう。そしたら今ごろは日本に来ることもできず、大工の朴さん同様この世の人ではなかっただろう。

山に戻った私は、畑の下の方に小屋を建てた。土砂の下敷きになった生活用品を掘り返す気力はなかったので、工具や食器類は新たに購入した。

開拓者たちは協力せざるをえなかった。春になり、畑を耕すときのことだ。

堅く丈夫な木の枝に鉄製の鋤をくくりつけ、牛にひかせるような大きな鋤を作った。そこに三、四メートルの綱を巻き付けて、人間二人で牛のように引くのである。一日中鋤を振っているよりは楽であり、効率も良かった。近くで作業していた人たちは全員賛成した。

大きな鋤の後ろで、一人が本体を持ち、二人は前でそれを汗だくになって引いた。土の中の根や石に鋤が引っかかり、前で引っ張っていた二人が後ろに引き倒されるように転ぶこともあった。すると周りの人は腹を抱えて大笑いするのである。しかし誰一人くじけたり、途中で諦めたりすることはなかった。私たちは、「今日は金さんの畑。次は朴さんの畑」という形で、順番に畑を耕していった。

大きな鋤を使った農法は、体に大きな負担になった。三日目の休憩時間、タバコを吸おうとしたら両肩に鈍痛を感じた。シャツを脱いでみると、両肩の肉が真っ赤に膨れ上がり、血が滲んでいた。私はタバコの葉を唾で濡らし、患部に貼り付けた。止血と殺菌効果があるといわれたからだ。しばらくすると痛みは一層増したが、我慢するしかなかった。

周りの人も肩が腫れ上がっていたが、彼らは傷口をなでるだけで平気だった。ある人は私を見て「日本ではこんな作業を見たこともしたこともないだろう。辛いけどもう少し辛抱しようじゃないか。こんな暮らしを苦労とばかり思わず、楽と思えば辛くないよ。さあ頑張ろうじゃないか！」と励ましてくれた。

私は絶対に地元の人たちの前で弱音を吐きたくなかった。平素から地元の知人、友人たちは「日本から来た帰国者たちは日本で贅沢な暮らしをしてきたので苦難に耐える根性がない」とか「気質が弱い」といわれているのを知っていた。だから彼らの前では意識的に「辛い」、「苦しい」という言葉を避けてきたのだ。

彼らの言うことをよく聞いてみると「お前たちは何のためわざわざこんなところに来て苦労しているのか？」という口ぶりであった。決して差別したり侮辱するような意味ではなかったと思う。

確かに北朝鮮に来た当初は差別された。蔑視を受けたり、朝鮮語の発音が日本語訛りだとからかわれたりもした。そのため傷つくこともあったのも事実だ。だが、十年近く山に登って想像以上に体を酷使しながら行った小土地の開墾は、いまだにはっきりと脳裏に刻まれている。苦しい思い出だけでなく、多くのことを経験したことで学びもあった。今もあの苦労を後悔してはいない。

私は北朝鮮で体験した想像に絶するような艱難辛苦を無意味なことだったとは思っていない。恥ずかしいこととも思わない。フランスの哲学者・科学者だったパスカルがいったとおり「人間は苦悩に負けることが恥ではない。快楽に負けるのが恥である」と思っている。

私は日本に戻って一度も生活に対して不満や苦悩を感じたことがない。どこにもモノがあふれ、自由に見たり聞いたりしゃべっている。今日あるだけのものを食べても明日の心配をせずに暮らしている。それで十分ではないかと思っている。

私は本当に多くのことを農民たちから学んだ。農業に関する多くの知識はいうまでもない。協力して作業をすることの重要さも身をもって知った。北朝鮮では「革命のために団結」などというスローガンが頻繁に叫ばれるが、本当の団結の尊さを教えてくれたのは農作業だった。

コッチェビの兄弟

十月初期になると、ほとんどの穀物は収穫期を迎える。そのころになると飢えで苦しんでいる大人だけでなく、コッチェビ（浮浪児）も頻繁に畑に侵入し、盗みを働いていた。

私はある日、二人のコッチェビを捕えた。兄弟であった。兄は十六歳で弟は十四歳だった。二人を小屋まで連れて行き、かつて住んでいた家の場所を聞いてみたところ、私がまったく知らない家ではなかった。父は地方に出かけてそこで飢え死にし、母親は中国に渡っていったきり三年間も音信不通になっていた。こうして二人はコッチェビになってしまったのである。北朝鮮に孤児院のような施設がないわけではない。しかし年上の子が小さな子の食べ物を奪ってしまうことが多く、結局は逃げてコッチェビになるしかないのだ。

二人の父親は地元で有名な松茸採りの名人であった。私もその人から松茸を買って食べたことがある。父親は松茸採りで生計を維持していたが、松茸は一年中採れるものではないため、もともと生活は苦しかったようだ。

二人の子どもたちはトウモロコシ三本を盗んでいた。私は畑から三本もぎ取って、一人三本ずつ焼いて食べさせた。そして十日後にまた小屋まで来てくれと約束した。要件はトウモロコシの収穫と、家までの運搬の手伝いである。

ある人は畑を荒らすコッチェビを捕まえ、その場で蹴ったり殴ったり暴行を加えていた。しかし私はそのようなことはしたくなかった。人手が足りない収穫期に仕事を手伝わせ、食べ物や運動靴を買ってあげた。古着をあげたこともある。しかし、人の物を盗んではダメだとか、コッチェビ生活をやめろとはいえなかった。コッチェビたちはそのような方法でしか生きられず、私も彼らの世話を見きれなかったからである。

コッチェビの兄弟は約束どおり、十日後に山小屋にきた。私は事前に闇市場に行き、二人に合う運動靴を準備しておいた。素足同様の子どもたちには山仕事をさせられないからだ。

私の知人、友人、甥たちも収穫作業を手伝ってくれた。コッチェビ二人も相当な戦力になった。トウモロコシ、大豆、小豆、ジャガイモなど、収穫は合計二トンほどにもなった。それを山から自宅まで運搬することが一番の難題だった。リヤカーは五台あったが、山ほど積み上げても一台一〇〇キロ以上は無理だった。一台のリヤカーを一日最大二回、数日間は往復させなければならなかった。

この時期は、人を集めることが最初の仕事であった。私は収穫のたびに十人分ほどの食事を準備した。自家製の焼酎も準備し、昼食のときに全員にふるまった。時には酒に酔った者が歌って踊りだし、周りの人も集まって自然発生的な「のど自慢大会」になったこともあった。

特に印象に残っているのは、腹いっぱいになったコッチェビの兄弟がすばらしい歌声を披露したことだった。人々が感心してアンコールを求めるほどだったが、歌ったのはすべて金正日を礼賛する歌だった。私はそのような歌はあまり好きではなかったが、深い感銘を受けた。両親を失っても、コッチェビの兄弟はたくましく生きていた。氷点下の寒さの中でもボロボロの薄着姿で、彼らは将軍様を褒め称えていた。彼らはなぜ、将軍様を褒めたたえたのか。親の命を奪い、自分たちを路上に放り出したのは一体誰なのか、最初は全然意識していないように見えた。いや、自覚していてもそのような歌を歌うしかなかったのか、あるいは歌うことで皮肉っているのではないかと考えた。結局、私は聞けなかった。ただ、彼らの雰囲気は将軍様への無言の抵抗のように思えた。

歌って踊る職場の人々の様子にも変化が見えはじめた。毎日抑圧された生活を送っていた彼らは、そこから解放されて、山奥で友人たちと収穫の喜びを分かちあっているようだった。安堵から自然にあふれ出た笑顔と歌声であったと思う。

彼らは幼少時代から個人崇拝や特殊な思想を植えつけられてきた。学習や監視、統制、密告の強要が義務化された重苦しい空気の中で生きることを喜ぶ人など一人もいなかった。私は思った。人は誰もが自由の身になって、本音を吐ける居場所を渇望しているのだと。

人々の助けで収穫した穀物を無事に運搬し終えた私は、今度は手伝ってくれた人のために一人で山小屋に残った。翌年の春に再び畑を耕す際に邪魔になるトウモロコシの根を掘り返して整備する仕事も残っていた。

世話したコッチェビたちとは運搬翌日に山小屋で会う約束をしていた。手伝ってもらったお礼に日当と食糧（トウモロコシ）を渡すことになっていたからだ。

彼らは私に会うなり「現金をくれ」といってきた。食糧は年上のコッチェビに強奪されるからとのことだった。私はなるほどと思い、現金を与えた。

日当を受け取ったコッチェビの兄弟は、なぜか山を下りていかず、下を向いて周辺をうろうろしはじめた。すでに収穫を終えた畑をながめること約二時間、二人は私の山小屋に走ってきて「スコップとクワを貸してくれ」といってきた。

「何に使うのか」と私は尋ねた。兄弟はネズミが冬眠する巣穴を掘りおこし、ネズミの「食糧倉庫」から穀物を確保するという。

私は冗談めかして言った。「それはネズミの食べ物を奪うことになるぞ！」。そういうとコッチェビは「人間が一年中汗を流して作った穀物を盗んでいったネズミこそ泥棒であって、自分たちが取り戻すのは当たり前でしょう」と反論した。私は「なるほど」と思って道具を貸してやった。

ネズミの巣から大収穫

私からスコップを受け取ったコッチェビは、幅一メートル、深さ一メートルくらいの大きな穴の底からネズミの「食糧倉庫」を発見した。

穴の上部にはネズミの糞がワラで隠してあった。トイレというわけである。驚いたことに、底にはネズミの毛や枯葉が敷いてあった。これは湿気防止のためだという。人間顔負けの発想だった。

穴の中にはトウモロコシ約二十キロ、小豆三キロ、大豆六キロほどが蓄えてあった。驚かれるかもしれないが、一つがいのネズミが冬を越すためにこれだけの量の穀物を集めているのである。

兄弟二人は水筒の水で二キロほどのトウモロコシを洗い、焼いて食べた。私にも勧めてきたが、食べる気持ちになれなかった。ネズミが口にくわえて運んだものだったからだ。二人はそのような生活に慣れていたので、平気そうにほおばっていた。トウモロコシは瞬く間になくなった。

ちなみに、ネズミは知恵が働くので、偽の巣穴を掘る。穴を掘り返しても何も出なかったという場面には何度も遭遇した。

しかし、その道に長けた人はいるもので、ある名人は「本物の穴はネズミが出入りするので、入り口近くの土がつるつるになっている」と見分け方を教えてくれた。それでも素人が見分けるのは困難だったのだが。

ネズミの穴から収穫したトウモロコシや大豆は、コッチェビにとっては貴重な食糧であった。

彼らは自慢げに笑みをこぼしていた。私も心の中で祝福してあげた。兄弟二人はその〝戦利品〟を持っていかず、私の小屋から近い石垣の下にビニール袋に包んで埋めた。

数日後、下山の準備をしていた私に、兄弟が冬の間小屋を貸してくださいと願い出てきた。小土地の開拓を始めて三年目のことだ。私は即諾した。人間が住めば風雨に耐えるため手入れをしてくれるので悪くないと思ったからである。

次の年の四月中旬ごろ、私は再び山に登った。小屋の手入れや下草刈りのためである。下草は燃やして、灰は畑にまく。肥料代わりだ。北朝鮮では四月中旬まで山奥の地面は凍っているので、地面を溶かすためにも原始的な焼き畑が有効だった。

山小屋が見えてきた。まだ昼夜ともにオンドル（床暖房）が必要な時期である。それなのに石造りの煙突から煙が出ていなかった。私はまさかコッチェビたちが凍死か餓死したのではないかと不安になった。小屋の五十メートルほど先から子どもたちの名前を呼んだ。応答はなかった。私は思い切って小屋の扉を開けた。そこに人影はなかった。入口の横にある食器の下に、書き置きがあった。私はひとまず安堵した。手紙には彼らが中国に渡ることを決めたと書いてあった。

コッチェビたちの手紙には次のようなことが書かれていた。

「この三年間、おじさんにいろいろとお世話になりました。お金も食べ物も底をついてしまったので、私たちはしかたなく水を渡る決心をしました。向こうに渡って無事に生きていたら必ず恩返しいたします。それまでおじさんも元気でいてください。ありがとうございました。さようなら」

「水を渡る」とは、国境を超えるということである。

私は切なくなった。無事に国境警備隊の目をかいくぐって川を渡ることができたのか、中国に行っても無事でいるのか、心配でたまらなかった。渡河中に警備隊に発見されたら、おそらく射殺される。子どもたちが無事であるように祈るしかなかった。

手紙の日付は二月十三日だった。豆満江の川面が凍って、大人も子どもも歩いて川を渡れる時期だ。国境の住民たちは「氷の橋を渡る」とも呼んでいた。

コッチェビたちが中国に渡り、その後無事に韓国に行くことができていたら、どれほど幸運なことであろうかと思う。あるいは今も人目を避けながら中国に隠れ住んでいるのか。もしかしたら中国の公安に捕まり、北朝鮮へ強制送還されて投獄されているかもしれない。

兄弟は賢く、体も面構えも立派だった。二人が無事に生きていれば、今頃立派な青年になっていると思う。私の勝手な願望だが、韓国で大学に通っていればどれほど幸せであろうかと思っている。あるいはその反対に命を落としているかだ。天国か地獄か、二つにひとつの道しかない。私は必ず前者の方であってほしいと思いたい。生きていれば必ず再会する機会があるはずだから。

山小屋から見下ろすと、それほど遠くない場所に豆満江が流れている。距離にして数キロの下り道だ。蛇が這うように曲がりくねった中朝国境の川を、あの時ほどじっと見たことはない。

「小土地」でも横行した賄賂

人々は個人の農作業に夢中になった。職場には出勤せず、一年中山での作業に従事しはじめた。職場での生産活動に支障が出るのは当然だった。

九〇年代に配給制度が崩壊した時点で、無断欠勤はある程度大目に見られるようになっていたが、私がいたK市は非常に監視が厳しいところだった。職場を無断欠勤しようものなら、同僚が家に訪ねて安否の確認をするのが常であった。飢えた住民が中国に逃亡することを、当局が警戒していたからだ。

一時は地方の党委員会が「資本主義的農業方式、資本主義的思想要素が集団社会の中で芽生えている」と問題視し、中央党に小土地の没収を進言する事態にまで至った。しかし中央党は、進言に「ノー」を突き付けた。

国家の配給制度が機能しなくなった上、一度分配した小土地まで没収しては人民の不満が爆破するだけだと判断したようだ。ただ、利己主義的な思想がこれ以上蔓延しては困るということで、政治学習を一層強化せよとの指示が下された。しかし、それも長くは続かなかった。

それどころか食糧不足がいよいよ深刻になると、「小土地」はついに、市内の各工場、企業所の中庭にも作られるようになった。周辺の空き地も畑になった。花畑も全部掘り返され、穀物の種が蒔かれた。

工場支配人と党秘書（委員長）は職員全員を集めて「緊張している国内の食糧事情のため、山の非耕作地、工場内の空き地を掘り返して食糧増産に寄与することに」と説明。「このような厳しい状況に直面したのは、国内に潜んでいる反動分子たちと米国帝国主義者たちと日本軍国主義者たちが我が国を孤立させ、圧殺しようとする目的で卑怯な経済制裁措置を実施しているからだ」とまくし立てた。さらに「敬愛する最高司令官様が提示された『苦難の行軍』精神を継続的に擁護・貫徹すること。今までよりもベルトを引き締めて現在の苦難を打開しなければならない」と力説した。

しかし特別措置はわずか二年で中断された。穀物が十分に実る前に、次々と盗難されてしまったからだ。

主に盗むのは夜間警備員だった。北朝鮮では職員が交代で、女性は昼間の正門受付、男性は警備を行うことになっていた。夜間警備は二人。祝日は四人だった。

通常の警備員は、外部からの窃盗犯に備えるものだ。しかし一九九〇年代中盤以降の食糧危機に襲われてからは、内部の職員が工場の機械や設備を盗み出すケースが増えてきた。外部から人を招き入れる職員もいた。警備員自身が穀物をストーブで焼いて食べたり、密かに家に持って帰ってしまうこともあった。秋の収穫時、穀物は三分の一も残っていないというありさまだった。

五年目を迎えるころになると、「小土地」も立派な畑になっていた。そこにやってきたのは、市や国の管理局の役人だった。彼らは耕作面積や予想収穫高を検定し、収穫の三分の一を軍の食糧として献納せよと迫ってきたのだ。「小土地」の持ち主たちは激しく抗議した。すると役人は「これは国家的な措置であって私個人の決定ではない。もしこの措置に応じなければ、未納者の畑は無条件に没収し、国営協同農場にするしかない」と言い返してきた。人々は腹の底では不平不満が噴き出さんばかりになっていたが、命綱である畑を「没収する」という無慈悲な措置にあらがう術はなかった。法に訴えようにも、上級機関の決定が「法」だった。

「小土地」の持ち主たちは仕方なく賄賂を渡すことにした。検閲員が自分たちの畑に来て坪面積を測る前、準備しておいた現金、高級、国産の高麗人参酒などをその人のリュックサックに入れるのだ。

この時、周りの人が私に教えてくれた。賄賂は絶対本人に手渡しするのではなく、役人に見えるようにリュックに入れてやれというものだった。万が一不正が発覚した時、検閲官が「自分はそのような物を貰った覚えはない。やつらが知らぬうちに勝手に入れたのだ」と言い逃れできるようにということだ。検閲官は必ずリュックサックを地面に置いて測量をした。なるほど、相手も賄賂を貰いなれたものだと思った。彼らは一カ所を集団で回るようなことはしなかった。一人ひとり離れた場所で計測をしていた。賄賂をもらう現場を同僚に見られないようにという暗黙の了解だった。

こちらがお願いするのは、「小土地」の過小評価だ。畑の面積を二〇％から三〇％縮小してもらったり、「専門的な農民ではないので穀物のできが悪いだろう」と検査登録証に記入してくれるように頼むのだ。

第八章　脱北を決意する

私の脱北

最後になぜ私が脱北を決心するに至ったのかという動機について簡単に述べたいと思う。一九九〇年代の終わりごろから、私は身の周りに不気味な空気が近づいてきているような恐怖を感じていた。安全保衛部の保衛員が「家庭訪問」という名目でやってきて、私の過去（履歴や家族・親戚関係、帰国年度など）を詳しく調べていったのも一度や二度ではなかった。私のものだけでなく、兄弟の写真を要求してきたこともあった。日本にいる兄弟や親戚だけでなく、韓国にいる親戚関係まで書面で提出することを要求された。

私の家系については帰国時に詳しく登録されており、その後も数回、住民登録証の登録内容が社会安全部や市行政部に報告されているはずだった。それを保衛部が知らないわけがなかった。

何度も同じ調査が行われることに不思議な思いがした。近所にいる人民班長も、特別な要件もないのにあれこれ口実をつけて不意に家に訪ねてきた。夕方の訪問が多かった。

思い当たることはあった。私の兄弟は三人帰国したのだが、その全員が私より先に脱北していた。兄弟の中では一番北方に住んでいた私の家を拠点にして、彼らは国境を越えていった。

私も脱北を考えていたが、家族は夫婦、子どもそして孫まで合わせて九人の大所帯であった。途中で捕まったとすれば家族全員収容所行きという悲惨な運命になる恐れが十分にあったため、思いとどまっていた。

二〇〇四年、突然驚くべき決定が下された。職場の朝礼で、党書記から先祖の墓石を抜くか削るかして、高さを地面から二十センチ以内にせよというものだった。墓石が目立って景観を損ねているとの理由だった。死者が多く見えるということだ。

私は驚いて言葉が出なかった。周りの従業員たちもブツブツ不満をいいながら互いに顔を見合わせていた。私はそのとき心の中で呟いた。「民族の風習まで抹殺するのはやりすぎだ」と。憤りを抑えられないまま、この国も長くないと感じた。

職場の仲間たちはその日の夕方、先祖が眠る墓に行って土饅頭を崩した。私も仕方なく道具を持って息子と一緒に共同墓地がある裏山に登って墓を削り始めた。我が家の墓は地面から三十センチほどの高さまで土が盛られ、そこに墓石が立てられている形だった。墓石の土台は地中に埋められていた。

両親の墓前で深く一礼し、許しを乞うた。

「お父さんお母さんお許しください。今度金正日という悪党の命令で仕方なく墓石を削ることになりました。将来、祖国が統一したら必ず掘り返してお父さんお母さんの故郷に埋めてあげますから、どうか私を親不孝者と思わず理解してください」

自分でも知らないうちに涙が溢れて止まらなかった。

その日の作業では土饅頭を崩すところまではできたが、墓石までは抜けなかった。セメントでしっかりと土台に固定されていたためだ。

息子と山を下りながら、墓石の解体は翌日以降にやろうと決めたが、翌日にはひとまず様子を見ようと思い直した。追及されなければ、墓石はそのままにしておこうと思った。職場の党秘書には命令どおり墓は削ったと報告した。それ以上の追及はなかった。

一週間ほどたつと、不穏なうわさが出回り始めた。市の行政委員会が墓を壊す臨時班を組織したということだった。先祖の墓を壊すことに抵抗があったのは私だけではなかったようで、人目につかない場所には墓が壊されずに残っていた。それを行政が強制的に破壊するというのだ。もちろん管理主の許可なしで。

うわさを聞いてから一週間後、心配になって山に登ってみた。墓は無残に破壊されていた。私は情けない思いを噛み殺しながら砕け散った墓石を集め、元の形に並べて埋めた。

私はそのとき「もうこの国とはおさらばだ」と心の中で固く決心した。私はその夜、家族の前で決意表明をした。

「私は数日後に越境して日本に行くことに決めた。お前たちはここにいて、先祖の墓参りと管理をしてくれ。もし家族全員で逃亡して、中国の公安に捕まったら一家全滅だ。死んでも生きても俺一人で犠牲になるか生き抜くか二つのうち一つになるだろう」

突然の決意表明だったが、家族は同意してくれた。私が日本生まれであること、そして日々、私の身に危険が影のようにつきまとっていたことを知っていたからである。どうせ保衛部に逮捕されるなら、その前に先手を打つしかないということを理解させるには、長い説教も説得もいらなかった。


数日後、携帯用の食品と懐中電灯、賄賂用のタバコを購入するため闇市に行った。その途中、以前から面識のある国境警備隊の小隊長とバッタリ出会った。心の中でこれ幸いと思って彼を静かなところに連れて行き、単刀直入に私の意志を伝えた。

彼は「お父さんなら前からお世話になっていたし、誰よりも信用しているからやりましょう」と快諾してくれた。しかし「最近雪が降ったので足跡が残る。足跡を発見した警備兵は中隊に報告することになっている。そうなったら自分が困る。雪が凍るまで待ってくれないか」と頼んできた。

私は「事情があって一日も早く行動したい」とすがりついた。すると、「いい方法があるから日にちと時間を決めてくれ」との返事が返ってきた。私はその場で、三日後の夜と決めた。すると彼は、七時ごろに闇市場の前まで迎えに行くから準備して待っていてくれといってきた。

話が順調に進んだので、最後に謝礼金の金額を決めた。小隊長には日本円で三万円、小隊長付きの部下には中国元五〇〇〇元となった。人民元にしたのは、彼らにとって使いやすい貨幣だったからだ。

当時、中朝国沿線には二重の警備網が張られていた。まずは国境沿岸に住む一般住民の警備隊だ。彼らは組織を作って常に巡回警備をしていた。岸につながる通路には二重・三重の警備用の遮断哨所や検問哨所があり、完全武装の警備兵が通路の両側に立っていた。

ここをいかに突破して川に近づくかが問題であったが、小隊長はきちっと作戦を立てていた。小隊長は私の両手首を縄でしっかりと縛り、逮捕された越境者のように見せて堂々と歩いて通ったのである。小隊長がほかの小隊の隊員に「この野郎は中国に逃亡しようと道端の草むらの中に隠れていた。私の小隊の兵舎に連れて行き調査するつもりだ」と言うと、下級の警備兵は「わかりました」と言って挙手敬礼をして通してくれた。

自分のエリアに入った小隊長は私に「軍人用便所に身を隠して」と指示した。私が一人で身を隠したのを確認すると、小隊長はそれからしばらく先に進み、大きな声で「おい！　歩哨兵、こっちへ来い」と、今度は二方向に向かって叫んだ。薄暗くて何も見えなかったが、川の近くにある畑の隅から二人の軍人が現れた。畑の高い位置に穴を掘ってそこに隠れていた潜伏歩哨兵だった。小隊長は「お前たちはこれから兵舎へ行き夕食を食べてこい。その間、俺が代わりに警備をする」と命令した。そして付き人の部下にはほうきを持ってくるように命じた。

二人の警備兵とお付きの部下が闇に消えた後、小隊長は私を呼び出して「ここが一番、水深が浅いところだから安心して渡りなさい。向こうまで六十メートル位だからゆっくり渡っても十分かからないから焦らず後ろを振り返らず、声を出さずに」と言った。

私はほうきを持ってきた兵士と一緒に川を渡ることになった。まだ入隊したての、若い兵士だった。ついに川を渡る。私の鼓動は自分でも知らないうちに速まっていた。それに気づいた瞬間、心臓の音が耳に聞こえてきた。

兵士は「焦らず怖がらず、自分から離れずついてきてください」といって、氷の張った川を渡り始めた。川の上には真っ白い雪が十センチくらい積もっていた。十五夜に近い日だったので、川も対岸の中国の川辺も真っ白く輝き、昼間のように明るかった。幅五十メートルほどの川を一気に渡った。後方から「誰だ！　止まれ！　撃つぞ！」という怒鳴り声が聞こえたら最後だと思うと、足はガタガタ震えて止まらなかった。

何とか対岸までたどり着くと、兵士はただ一言「無事安寧を祈ります」といって両手で私の手を握った。そして反対側の岸を見てくれと、手を北朝鮮側に向けた。片手を大きく振る小隊長がそこにはいた。無言の別れだった。

対岸まで同行してくれた兵士は、私たち二人分の足跡をほうきできれいに消しながら戻っていった。私は「なるほど、ほうきを持ってきたのはそういうことだったか」と感心した。こうして私は無事に脱北に成功した。

中国での潜伏生活

中国側に渡った私は、所定の待ち合わせ場所に遅れないよう、目の前の高さ五十メートルほどの丘を上り、果樹園の中の細道を探して下って行った。果樹園の入り口から少し離れたところに青いビニール屋根の見張り小屋があった。そこに入って約束の時刻になるのを待った。朝鮮の時間では夜九時（中国の時間では夜八時）が約束時間だった。

待っている間、緊張が緩んだためだろうか寒気に襲われた。ブルブル震えながら二、三十分待っていると一〇〇メートルほど先の大通りから一台の乗用車が小屋の方向へ向かって上がってきた。「あの車だ」と瞬時に察知した。

車はだんだん近寄ってきて見張り小屋をライトで照らしながら止まった。ヘッドライトが三度点滅した。「間違いなくあの車だ」と確信した私は、車の横から近寄った。

私が近づいていくと、車の中から人が降りてきた。その人物は私の方を向いて帽子を脱ぎ、左手で振ってみせた。その距離約三十メートルだった。

彼は私に「明太持って来ましたか？」と声をかけてきた。私はすぐに「明太ではなく太刀魚を持ってきました」と答えた。「わかった。早くこっちに来て車に乗りなさい」と言ってくれた。今考えてみるとスパイ映画のワンシーンのようだった。

私たちは挨拶を交わして車に乗った。彼は中国朝鮮族の朴さんで、年齢は四十代半ばに見えた。細身の小さな男だった。名前だけは知っていたが、直接の対面はこのときが初めてだった。朴さんの家に向かう途中で二カ所の検問所があったが、役人はみな彼の顔なじみのようだった。無事に通過することができ、私は安心した。

朴さんの家には二十代後半に見える若い女性と赤ちゃんが一人いた。朴さんは女性に私を「北朝鮮からきたお客さんだ」と紹介してくれた。後で知ったことだが、この女性は脱北者で、朴さんの愛人のような関係だったという。

私は個室をあてがわれ、そこで一カ月ほど身を隠した。その間外出したのは風呂に行ったり理髪に行ったり、女性と市場に行く程度だった。女性は赤ん坊を背負って、一度に十〜二十キロの買い物をした。私は荷物持ちであったが、毎日退屈なので、外出は嬉しかった。

私のボディガード役でもあった朴さんは本職さえも教えてくれなかったし、私も聞こうとはしなかった。ある日彼は、私を兄の家に連れて行った。「迎えにくるまでここで隠れていろ」と言われ、兄夫婦の家で一カ月ほど暮らした。年が明けて一月半ば、朴さんがまた迎えにきた。一月末頃二人で瀋陽へ行き、領事館の人に引き渡す算段が整ったので、それまで朴さんの家に居るよう言われた。

再び朴さんの家に戻ってしばらくした日の夕方、女性が外出した直後に誰かがドアをノックした。のぞき穴から外の様子をうかがったところ、朴さんの兄が来たようだったので、私はドアを開けた。すると四人の警備官が突然、飛び込んで入ってきた。彼らは私の両腕を後ろにねじり上げ、手錠をかけた。手馴れた動作であった。「なぜ逮捕するのか?」と大きな声を出して反抗すると「北朝鮮からきた麻薬密輸犯だろう。早く靴を履いて出てこい」と言って、私の腰や尻を革靴のまま蹴り、外に引きずり出した。

痛いというより頭の中が真っ白になってしまった。外には二台のパトカーが待機していた。警官は七人もいた。その後私は、郊外にある大きな公安局に連行された。

公安に捕らえられたその日は尋問も調査もなく、入り口近くの留置所に監禁された。私は隅のほうに座って、これからどうなるのか、もし北朝鮮に送還された場合どの様な処罰を受けるだろうかなど、絶望と恐怖で今まで味わったこともない不安と焦燥感で目の前が真っ暗になった。眠くても到底眠ることはできず朝を迎えた。

監視口から柱時計を見ると六時をすぎていた。警備員がカップラーメンを一個入れてくれた。この時だと思い中国語で「タバコを一本くれ」と言ってみたが「不行」(駄目だ)と断られた。ラーメンを食べ終えてしばらくすると中庭の掃除をやらされた。それが終わるとトイレ掃除、それから一階から四階までの階段掃除もさせられた。

午前十時ごろから二人の調査官と私の対面調査が始まった。最初の審問は、何の目的で中国に越境してきたかの質問であった。私は彼らの前で嘘偽りなくすべてを率直に答えた。住所、職業、家族構成や家族の名前・年齢・職業に至るまで、想像以上に細かく聞かれたが答えた。そして「元々そこで暮らしていたのか」と聞かれたので「日本から北朝鮮に渡った在日帰国者です」と答えた。すると「何！　日本から来たのか」と少々驚いた口調に変わり、それまでとは違う目つきで私の顔をじっと見つめてきた。その瞬間、「しまった！」と背筋が震えだした。私が再度北朝鮮に送還されることは決定的だったのだが、日本出身であることが明らかになれば容赦なく政治犯収容所に送られ、家族全員が死んでしまうことが容易に想像できたからだ。

私は目の前が真っ暗になった。北朝鮮生まれの脱北者の場合、生活難や買い付けのために中国に来たという理屈で、第三国への亡命の意志がないと突っ張ることができる。在日帰国者が中国に逃走したとなると、日本をはじめとする第三国への逃走の意図があると決めつけられ、送還後にはほかの人よりも厳しい罰を受ける。それが一番怖かった。

帰国者であると知られ…

私が日本から北朝鮮に行った帰国者であると知った二人の公安調査官は、小さい声で話し合って「十分休憩」と言って調査室から出て行った。私は机の脚に手錠をかけられたままだった。約二十分後、二人は揃って戻ってきた。そして私の目の前に何冊か日本の本を出してみせた。

並べた本は「竹取物語」「桃太郎」「徳川家康」そして「日本地図」などの書籍だった。

「この本の中であなたの読みやすい本を選んで読んでみせてくれ」

私は瞬時に彼らの意図を察することができた。私が本当に日本から来た人間であるか確認するための身元調査だということだ。

私はここで少し安堵した。ありがたいことに童話の「竹取物語」と「桃太郎」は、ほとんどがひらがなで書いてあり、簡単な内容を言葉で説明することができた。「徳川家康」をすらすらと読み上げはじめると、一ページも読み上げていないうちに「わかった。もうそれでいい」と言われた。

次に彼らは「日本地図」を開き「自分の住んでいた所を赤鉛筆で表記してみろ」と言ってきた。私は迷うことなく私の住んでいた所に赤鉛筆で丸をつけた。次に「日本からの出国するときの地点を表記してみろ」と言われた。すぐさま新潟港に丸く印をした。すると二人は顔を見合わせて頭を上下に軽く振った。その様子を見て私は再び安堵の息を吸った。「しめた！」と思った。とはいえこれから自分の運命がどうなるのかわからない焦燥感から「調査官先生、私はこれからどのように処理されるのですか？　はっきり言ってください。私は間違いなく日本から北朝鮮に行った帰国者です。絶対にスパイや密輸犯ではありません。信じてください。助けてください」と哀願した。

調査官は「中国公安局は、脱北者の調査が済んだら数日後に図們にある脱北者集結所に移送する。これは中国と北朝鮮政府と密約だ」との答えが返ってきた。落胆した私に調査官は「あなたが日本から北朝鮮に渡った帰国者だということはある程度認められるのだが、この場であなたがこれからどのように処理されるか、我々が勝手に結論を出すことはできない。しばらく待ってほしい」と言った。私はただ善処を願う以外になかった。

その日は午後八時まで取り調べが続けられたが、不安で頭の中がいっぱいになり、どのような質問にどう答えたか覚えていない。その日以降、調査は毎日行われたものの、時間は短くなっていった。恐怖と不安の中でしていたことといえば、トイレと監房の掃除、中庭の除雪作業などだった。留置場にいる間には、調査官から当時の北朝鮮国民の生活状態についても詳しく聞かれた。彼らは異口同声に言っていた。

「北朝鮮は金正日時代になって住民がより酷い生活状態に陥ってしまったらしい。北朝鮮の政治は根本的に間違っている。北朝鮮は今の指導者を変えないと絶対にいい国になれない」

「金正日は金日成よりも悪いやつだ」

彼らは遠慮することなく金正日をこき下ろした。中国でも北朝鮮の現政権が正しくないということを知っていたのかと、なぜか嬉しくなった。

一週間後、久しぶりに調査室に連れて行かれた。以前私を取り調べた担当調査員が二人座って待っていた。机の上には温かいコーヒーと氷砂糖が置かれており、彼らと一緒にコーヒーを飲んだ後、二階にある部屋で私の全身写真と横顔を撮った。両手十本の指紋も採られた。再び調査室に戻って審問が始まった。日本にいた時の住所や学校名、学歴、家族・親戚関係、父母が朝鮮総連系だったのか韓国民団系だったのかなど、想像以上に詳しく審問された。そしてその日の午後、私の処分がハッキリ伝達された。そのときの中国人調査官の言葉はいまだにはっきりと頭に残っている。

「貴方が中国に渡ってきてどこの国へ行こうと我々公安局には関係ない。あなたが日本に行きたいならば行ってもいい。しかし我々がそれを手助けすることはできない。違法行為になるからである。法律上、中国に不法入国したので罪人として処理することもできるが、それより先に人道主義的な立場から考慮してあなたを釈放することになった。非常に例外なことではあるが、あなたの率直な言葉と意向を信じ、希望どおり日本に行けばいいと思う。あなたに対しての処分はこれが最後の結論である」

私にとっては涙が出るほど嬉しい決定だった。しかし公安は釈放前に一つだけ条件をつけてきた。日本にいる親戚に電話して、一〇〇万円を罰金として納めてほしいというものだった。私はあくまでも不法入国をした犯罪者であるとのことだった。

カネさえ出せば生と死の分岐点を生の道に進むことができる――。選択に悩む余地はなかった。私は、即座に支払いを承諾した。日本への国際電話は公安局からかけていいということになった。

早速その日の夕方に日本に電話をかけた。相手は私たちが北朝鮮へ行って四十年以上にわたり送金をして支えてくれた、命の恩人の兄である。電話口に出た兄は、一〇〇万円は無理だが三十万円くらいはどうにかしてみると答えてくれた。兄は当時、糖尿病で余命は一カ月もないのではないかとのことだった。事実、その時兄は病院におり、電話もなかなかつながらない状態だった。そしてこれが本人との最後のやり取りになった。結局私は三十万円で釈放されることとなった。

私はその時、自らの死を目の前にした兄に対して本当に申し訳ない気持ちで胸がいっぱいだった。私が釈放された後、瀋陽の日本領事館に保護された。しかし、その二ヶ月後、兄は他界した。送金の依頼から約十日、中国に送ってくれた最後の三十万円が私の命を救ってくれた。最後の愛でもあった。私もいずれあの世に行ったら、必ず再会して兄に厚く礼を言わねばならないと思っている。

最終章　脱北者から見た日本

日本人には気づきにくい日本の美点

こうして私が日本に入国し、元帰国者として在留資格を得てから、もう十年間近い年月が過ぎた。ときどき日本の方に、日本の印象はどうですか、数十年ぶりの日本社会をどう思いますかと訊かれることがある。そのたびに私は、日本は本当にすばらしい国ですよ、私は他のどこの国よりも、この日本に住むことができて本当に良かったですと答えてきた。

まず、私たち帰国者は数十年前、たとえ朝鮮総連の宣伝に騙されたとはいえ、自分の意志で北朝鮮に渡っていったのだから、ある意味、北朝鮮でひどい目にあったとはいえ自業自得といえなくもない。ただ、私のように当時十代だった子供には、両親の決定にさからう自由は全くなかったことは理解してほしいけれど。しかし、いずれにせよこの日本を離れて数十年になる、私たち帰国者を、受け入れ住まわせてくれ、しかも、年老いて仕事の機会のないものには、一定の福祉を受けられるようにしてくれた日本国に対しては、まず感謝の心を忘れては絶対にならないと思う。もし日本国が私の受け入れを拒否していたら、今頃私は北朝鮮に送り返され、収容所かどこかで命を失っていただろう。

ある新聞記者が私に、日本に来て一番良かったと思うことは何ですか、と尋ねたことがあった。私は即座に、日本があらゆる面で自由であること、それが一番うれしいことだと答えた。

いまの多くの日本人が、ごく普通のあたりまえのこととして受け取っている、言論の自由、表現の自由、政府の政策を批判したり抗議したりする自由、それがどんなにすばらしいことかわかるのは、私のような独裁国家から来た人間ではないだろうか。人間が生まれながらにして保障されるべきあらゆる権利、それこそ生きる権利までが蹂躙され、人権が完全に抹殺されているのが今の北朝鮮である。私のつたない文章が、その北朝鮮の現状を、たとえわずかでも読者に伝えてくれることを祈っている。

そして、これも日本人には理解できないことかもしれないが、日本国の社会秩序、公衆衛生、それを支える公衆道徳の見事さは、もっと誇ってもよいことだと思う。街を歩けば小さくても公園がいくつもあり、そこには安全に飲める水道やきれいなトイレがある。実は北朝鮮の首都ピョンヤンでさえ、まともな公衆トイレはなかなか見つからず、私は何度も困った思いをした。

もう一つ北朝鮮とは大違いなのは、列車など公営交通の整備である。北朝鮮では列車が三十分、一時間遅刻することに何の不満も疑問もなかった。電車が時刻通り来ることはまずないということは皆わかっていたからである。九〇年代以後はエネルギー不足が深刻化し、二十時間、二十四時間遅れとなり、駅前で野宿した経験は脱北者なら誰しもあったはずだ。今は改革開放で進んだといわれる中国でも私は列車に乗ったことがあるが、超満員になると先を争って乗り込むため、客同士が殴り合いのけんかになったり、列車の中で子供がトイレに行かずその場で小便をしても、だれも叱る人もいなかった。北朝鮮ほどではないにせよ、公衆道徳というものがまだまだこの国では確立していないのだと思わせた。日本には電車がもちろん時間通り来るだけではない、皆無とは言えないかもしれないが、乗客同士がみっともない喧嘩やルール違反をする人は、少なくとも私は見たこともない。その国のレベルは、交通事情、道路事情、そしてトイレ事情を見ればわかるという文章をどこかで読んだことがあるが、私も全くその通りだと思っている。

もう一つは、日本では治安が維持され、それによって一人一人の人権が守られていることだ。新聞やテレビを見れば、世界の各地でテロや紛争が起きているのだが、この日本国内では、個人の犯罪や事件はあっても、そのような悲劇は起きていない。これは先進国、後進国を問わず、むしろ今の世界では例外的な存在のように私には思える。なぜ日本がそうなのか、私にはその原因まではわからないけれど、多少推測すると、現在の日本国は、他国に対し侵略をしたり、条約や約束をこちらから破ったり、国際的に嫌われるような行動をほとんどとっていないことによるところが大きいと思う。しかも、私には驚かされるほど、日本は景気が悪いと言いながら貧しい国への巨額な支援を行い続けている。だからこそ大震災の時、世界中が日本に同情と支援を寄せたのではないだろうか。ただ、中東で日本人の人質が殺されたニュースを見た時、亡くなった方には申し訳ないのだが、これは日本のような治安が守られた平和な国の感覚で、現実に憎しみと戦争が当たり前の地域に行ってしまったことにもよるのではないかと思ってしまった。北朝鮮でもそうなのだが、極限状態で人間性が抹殺され、「敵」とみなした人間を殺してもなんとも思わないように洗脳された人がまだまだ世界各地で危険な活動をしていること、それもまた平和な国であるからこそ日本ではしっかり教育する必要がある。

その意味で、北朝鮮の核開発やミサイル発射は、多くの日本人に危機感や恐怖を与えているのかもしれない。しかし、これは北朝鮮で生活した私の実感だけれども、金正恩であれその前の金正日であれ、独裁権力者と高級幹部は絶対に戦争などしたくないと思っている。彼らはもしも全面戦争になり、核兵器を使用すれば自分たちが滅ぼされることはわかっているので、いまの自分たちの地位を守るためにも戦争を仕掛けることはない。今の核開発もミサイルも本質的には弱い犬が必死で吠えているとしか私には見えない。ただ、狂犬病にかかった犬は死に際に判断力を失ってかみついてくることは確かにありうることだから、日本国も韓国もそれに対する軍事的な備えをして、そんな気を起こさせないよう対処することは必要だ。

脱北者、そして日本の若者に伝えたいこと

ここで私は、すでに六十を超えた脱北者の一人として、日本の若い人たちにぜひお伝えしたいことがある。悩んで自殺したり、仕事が見つからず自暴自棄になって犯罪に走ったり、あるいは若くして子供を持ったのに子育てがうまくいかず痛ましい事件を起こしてしまったりする

ニュースを時々テレビなどで知ると、少なくとも、北朝鮮でほとんどの人生を過ごした私は、なんともやりきれない気持ちになってしまう。

確かに、皆さんには、私にはうかがい知れない悩みも、難しい問題も抱えているかもしれない。しかし、もう一度考えてほしいのだが、先に述べたような自由、人権、公衆衛生、そして治安を生まれながらにして約束されている国は、世界中でも決して多いほうではないのだ。そのような日本は、当たり前のことだけれど、今の若い人が作り出したのではない。あなたの父の世代、祖父の世代、いやもっと以前からの日本人、そしてそれに協力した外国人たちの、血と汗の努力の成果として今あなたに与えられているものなのだ。そのような国に生まれたことへの誇りと自信、自分もその気になればそれだけの大きな仕事ができるのだという希望と夢を持ってほしいし、またその成果を、さらに発展させて次の世代に引き継ぐことこそ、あなたたちの使命なのだという自覚を持ってほしい。実は、日本の大人たちが、家庭や学校で若者に何よりも教えるべきはそういうことではないだろうか。

そして、これは誰よりも、私よりも若い脱北者で、日本に受け入れられた人たちに言いたい。まず、あなたたち一人一人が、日本が受け入れてくれたからには使命を持っているのだ。それは、この民主主義社会で、人権や社会の治安、法治の原則、そして先進国の様々な技術や労働のやり方などを学んで、将来、いつか崩壊するだろう北朝鮮社会を立て直す一助となることにあるはずだ。その自覚があれば、一日も早く、日本社会の文化、道徳、生活習慣、対人関係の取り方、そして何よりも日本語を学び、社会に参加していかなくてはならない。

このようなことを言うと、それは厳しすぎる、自分たちは日本語もほとんどしゃべれない、仕事を探そうとしても日本の若い人ですら苦労している、北朝鮮出身であるというだけで雇ってくれるところもほとんどない、などの反論が返ってくるかもしれない。もっと言えば、日本ではまだまだ差別がある、自分たち脱北者を平等に扱ってくれないし、この日本では生きづらいなどという人すらいる。そのような人は、まだ若いにもかかわらず、福祉にすがって生きていこうとする姿勢すらみられる。

この「差別」についてだが、私は差別のない国などないと思っている。北朝鮮という、人をその生まれの成分によって徹底的に差別し、帰国者を監視対象にするような国は論外だ。しかし、アメリカであれヨーロッパであれ、民主主義国とされている国であっても、人種、民族、信仰の違いなどで完全な平等が達成され、人間同士も差別する心が消え去っているような国はないだろう。何よりも、私たちの父の在日一世たちは、おそらく現在よりももっとひどい差別を受け、また貧しさに苦しんでいたはずだ（それが北朝鮮に渡った理由の一つでもあるだろう）。しかし、朝鮮半島であれ、日本であれ、朝鮮総連の言う「地上の楽園」、国家がすべてを個人のために用意してくれる国などありえない。いま自分が住む国で、仮に外国人、異民族であるならば、そこの国民や主流派の民族の二倍でも三倍でも努力して、差別があるならばそれに打ち勝つしかないのだ。

実際、北朝鮮に行けば夢のような理想が待っていると思って帰国した在日一世ではなく、この国で働くことを選んだ人たちは、日本人の嫌がる仕事を進んで引き受け、子供を大学にやり、そこから、知識人、大学教授、社会運動家、芸能人、スポーツマンなどが生まれ、日本人に負けない立派な活躍しているではないか。この人たちは皆、差別に怒るのならそのエネルギーを自分の努力に向けたのだ。日本だけではない、自由主義、資本主義の国なら、実力優先の世界である。自分の能力を磨き、社会や企業で必要とされれば、必ず評価されるはずだ。

ただ、逆に実力優先の社会である以上、自分自身の能力の限界もまた謙虚に認めなければならない。脱北者の中で、正直、自分の能力以上の高嶺の花を、それも十分な努力もせず求めている人がいるのは残念である。楽な仕事でお金を受け取れることなどこの社会にはない。どんなに難しくても、日本語をある程度自由に使えなければ仕事には就けない。そのためには、支援団体の教えを受けたり、夜間中学に通ったり、何らかの努力はしなければならない。そして、今自分が能力的に、いわゆるきれいな仕事、会社勤めなどができないのなら、土木の力仕事であれ、食堂の夜遅い仕事であれ、何でもやる覚悟は持たなければなるまい。その中で自分を鍛えていくこと以外に、この社会で認めてもらえることはないのだ。

日本人と朝鮮人の違い

脱北者、特に私のように日本で生まれた人ではなく、北朝鮮で帰国者の子供として生まれた若い脱北者は、日本という国に対し殆ど知識はないし、当然、この日本にくるまで日本人と話したこともない。だからこそ、脱北者の若者は、日本人との意思伝達がうまくいかず、そこから孤立感に陥ったり、日本人の性格を誤解することも多いようだ。

まず、私たち朝鮮人の感情表現は常にストレートである。これは、相手がどう思うかに限らず、まず自分の言いたいことを誤解なきよう伝える、それに対し反対だったり不愉快ならばそう言い返してほしいと無意識に考えている。そして、友人同士お互いの家に行き、そこで歌ったり、騒いだり、食事をしたりすることはごく普通の行為であって、それが私たちの生活文化だ。これは北朝鮮も韓国も同じであり、中国にも似たところがある。これはいいとか悪いとかではなく、私たちにとってはごく普通のことなのだ。

しかし、日本人はそうではない。話すときも、大語でしゃべったり、お互いの感情や意見をぶつけ合うのは控える。プライバシーや家族の平和を尊重し、友人とはいえ相手の家に頻繁に遊びに行ったりするのは好まない。これもどちらが良いとか悪いとかではなく、日本人の一般的な性格である。しかし、脱北者の若者はしばしば、これを「日本人は冷たい、親切そうだけれど、本音でどう考えているかわからない」と誤解してしまう。これは、異なる民族がお互いの生活習慣や感情表現の違いを理解していないことからくる誤解なのだ。

私が日本文化について何か語るほどの知識はないのだが、日本の伝統はすべて「道」という名前が付く。柔道、剣道、武道、茶道、華道・・・どんなものにも「術」、つまり単なる技術ではなく、道徳、礼儀、精神の鍛錬を求める姿勢は、日本人の伝統であり、これは武士道においてもっとも純粋な形で表れているのではないかと思う。私はある侍の決闘における話を今も忘れがたいものとして覚えている。江戸時代、生死をかけた仇討の真剣勝負の際、親の仇である相手が思わず石に躓いて倒れ、刀を取り落としてしまったとき、この絶好の機会に、相手の武士は、倒れた武士が起き上がり刀を構えなおすまでは攻撃を控えた。これが、おそらく日本人の美意識、「道」という精神のあり方で、素手の立場となった相手を、敵であれ切ることは、道徳的に許されないことなのだった。

このような精神が現在の日本人のすべてにあるとは思わない。しかし、少なくとも人間はこうあるべきだという意識が日本人にあることは、私たちはよくよく考える必要があると思う。日本社会に問題がないというのではない。私たち脱北者は、ここ日本に住む、日本社会で生きていく以上、その価値観を学び、その良き面、尊敬すべき面を取り入れること、若い人には特にその意識をもって学んでほしい。

日本に生まれ、日本で死す身としての日本永住権
そして関東脱北者協力会

そのうえで、私がどうしてもこれだけは日本政府にお願いしたいことがある。それは私たち脱北者に、永住権という形で、他の在日朝鮮人と同じ権利を認めてほしいことだ。いまの私は、特別在留という形、つまり、この日本に住むのは、形式的には「仮の姿、何年かごとに更新しなければならない立場なのだ。それは不自由ということだけではない。私の人生全体にかかわる問題なのである。

私たち帰国者は、どんな理由であれ、朝鮮総連の宣伝に騙されて北朝鮮に渡ってしまったことを、今深い後悔を持って受け止めている。もしも私の両親が帰国船に乗らなければ、私たち一家は、今はごく普通の在日朝鮮人一家として、この日本に永住する権利を得ることができたはずだ。私は日本の法律について詳しくはないが、私たちをだました朝鮮総連の人たちですら永住権を持っているのに、一面では被害者である私たちが彼らと同じ権利を認めてもらえないということだけは、個人的に納得がいかない。しかも、彼らは今でも帰国事業を反省することなく、何度も総連に抗議に行った私に会うことすらしてくれないのだ。この日本を何十年も夢見、やっと脱北してたどり着いた私としては、総連が堂々と永住権を持ち、しかも日本のこと

を悪く言っていることだけは理解できない。

例えば日本人妻の子供の場合、親が日本国籍を持っているということで、北朝鮮で生まれた子供も日本に来れば日本国籍を取ることができた例がある。それはそれで、彼らの権利ということで構わないが、私のような帰国者の場合も、日本国籍は無理でも、せめて永住権という形で、私がこの日本社会の一員であることを認めることはできないのだろうか。私はもはや、日本以外のどの国に行く気持ちもない。日本で生まれた私は、紆余曲折を経てここ日本にたどり着いた。あとは、日本で死ぬことを望んでいるばかりである。

この本の趣旨は北朝鮮における私の見聞を書くことであったから、ここでは記さなかったが、私は日本にいる脱北者を集めて「関東脱北者協力会」という、ささやかな組織を作り、多少なりとも社会運動をしている。この運動の目的は、北朝鮮の現独裁体制を一日も早く崩壊させるために、北朝鮮の実態を日本の人々に伝えること、帰国事業の責任を朝鮮総連に取らせることだ。本書が、その一助となれば私としてこれほどうれしいことはない。そして日本にいる脱北者たちは、単に日本にたどり着いたことで満足してしまうのではなく、今もかの地で独裁政権の捕らわれの身となっているすべての人々を解放するために、私の運動に参加していただきたい。


（終）

あとがき

私は北朝鮮で生活しながら、ある教訓を得た。

それは、長いトンネルに入って数十年間、明かりが見えるまで必死になって前に進んでも何も見えないときには、躊躇せず新しい別の道を選択することが一番賢明だということだ。その道を選択するには過敢な勇気と決断力が必要である。それは行動してみて初めて気づく。

もし私があれこれ複雑に考え、死を恐れて勇断を下すことができなかったら、今でも向こうで艱難辛苦を強いられていただろう。もしかしたらこの世にいなかったかもしれない。

人生を変えるには、それまでの考え方を大胆に捨て、別の道を選択しなければならないときもある。

脱北したことはみじんも後悔していない。同時に四十年以上の苦労は無駄ではなかったと思う。苦痛の中で強くなり、生きる知恵も得ることができたのだから。

詳しく書き残したいことは山ほどあるが、これくらいで私の回顧録をひとまず終えることにしたい。私の未熟な文章を読んでくださった読者の方々に感謝の意を述べる次第である。

木下　公勝

1960年、10代半ばにて、両親に連れられて帰国事業で北朝鮮に渡る。

2006年脱北、日本に戻る。現在も北朝鮮に親族を残しているためプロフィールは明らかにできないが、統一日報紙にて「脱北帰国者が語る『北の喜怒哀楽』」と題し、北朝鮮での生活を帰国者の立場から連載した。本書はこの連載の一部をもとにして再構成し、さらに単行本化にあたって加筆したものである。

北の喜怒哀楽　45年間を北朝鮮で暮らして

平成28（2016）年11月15日　第１刷発行

著　　者　木 下 公 勝
企画制作　三　浦　小太郎
発 行 者　斎　藤　信　二
発 行 所　株式会社　高木書房
〒114-0012　東京都北区田端新町1-21-1-402
電話　03(5855)1280　FAX　03(5855)1281
メール　syoboutakagi@dolphin.ocn.ne.jp
装　　丁　株式会社インタープレイ
印刷・製本　京 成 社

ISBN978-4-88471-446-8　C0031